2020年武汉生物工程学院（2021年湖北省）一流本科课程"求职礼仪与职场形象塑造"阶段性成果

2020年湖北省班主任工作精品项目（编号：2020XGJPB3017）

2020年湖北省教研项目"三阶四维"礼仪课程思政探索与实践（编号：2020702）

"三阶四维"礼仪教育教学改革的设计与实践

黄亚兰　著

·南京·

图书在版编目(CIP)数据

"三阶四维"礼仪教育教学改革的设计与实践/黄亚兰著. —南京:东南大学出版社,2022.8
ISBN 978-7-5766-0218-0

Ⅰ.①三… Ⅱ.①黄… Ⅲ.①大学生-礼仪-教学改革-研究 Ⅳ.①G645.5

中国版本图书馆 CIP 数据核字(2022)第 152245 号

责任编辑:胡 炼 责任校对:子雪莲 封面设计:顾晓阳 责任印制:周荣虎

"三阶四维"礼仪教育教学改革的设计与实践

| 著　　者:黄亚兰
| 出版发行:东南大学出版社
| 社　　址:南京四牌楼 2 号　邮编:210096　电话:025-83793330
| 网　　址:http://www.seupress.com
| 电子邮件:press@seupress.com
| 经　　销:全国各地新华书店
| 印　　刷:南京玉河印刷厂
| 开　　本:700mm×1 000mm　1/16
| 印　　张:14.5
| 字　　数:180 千字
| 版　　次:2022 年 8 月第 1 版
| 印　　次:2022 年 8 月第 1 次印刷
| 书　　号:ISBN 978-7-5766-0218-0
| 定　　价:68.00 元

本社图书若有印装质量问题,请直接与营销部调换。电话(传真):025-83791830

目 录

上篇 "三阶四维"礼仪教育教学改革的总体设计与实践效果 …… 1
 一、"三阶四维"礼仪教育教学改革设计的缘起 …………… 1
 二、"三阶四维"礼仪教育教学改革的内涵 ………………… 3
 三、"三阶四维"礼仪教育教学改革的总体实施过程 ……… 4
 四、"三阶四维"礼仪教育教学改革的经验与效果 ………… 9

中篇 "三阶"礼仪教育教学改革 ………………………………… 12
 一、入学礼仪教育 ……………………………………………… 12
 二、专业礼仪教育 ……………………………………………… 35
 三、毕业礼仪教育 ……………………………………………… 68

下篇 "四维"礼仪教育教学改革 ………………………………… 95
 一、"行业"礼仪维度 …………………………………………… 95
 二、"价值"礼仪维度 …………………………………………… 116
 三、"文化"礼仪维度 …………………………………………… 179
 四、"网络"礼仪维度 …………………………………………… 200

结语 ………………………………………………………………… 225
参考文献 …………………………………………………………… 227

上篇
"三阶四维"礼仪教育教学改革的总体设计与实践效果

一、"三阶四维"礼仪教育教学改革设计的缘起

中国作为"礼仪之邦",中华礼仪文化源远流长。教育部在《完善中华优秀传统文化教育指导纲要》中指出:"加强中华优秀传统文化教育,是深化中国特色社会主义教育和中国梦宣传教育的重要组成部分。"中华礼仪文化作为中华优秀传统文化的精华,礼仪课程的传承与创新及课程的思政建设至关重要。只有认识、读懂、领会中华传统礼仪文化的内涵,才能更好地传承其精髓。中华传统礼仪文化对于构建和谐社会中坚定的文化认同感,实现中华优秀传统礼仪文化传承和社会主义核心价值观培育的有机融合具有深远的理论意义和现实意义。

笔者对高校礼仪教育教学现存的不足进行调研分析后,将主要问题梳理为以下三点:

1. 礼仪教育教学的系统性有待进一步优化

目前,高校礼仪教育教学以课堂教学为主,以各类文明礼仪竞赛、礼仪实践活动为辅。礼仪通识课程的开设或竞赛活动的组织,都为高校礼仪教育教学奠定了较好的基础。但课程的开设与学习,仅作用于

一个学期,对于大学生礼仪素养的提升来说,持续性不够;竞赛与活动若缺乏系统理论的指导与有针对性的考核,会导致深入度不足。高校礼仪教育教学需要进一步进行系统性设计,使之成为一个全过程的教育教学体系。

2. 礼仪教育教学的全面性有待进一步提升

礼仪教育教学以提升学生的个人素养为主要目的,以中华优秀传统礼仪文化为底蕴,以中西礼仪文化的交融与创新为发展路径。但若仅拘泥于文化的传承与交流,创新的深入度就远远不够,若缺乏专业、职业、社会实践、时代背景视角对礼仪进行思考与创新,则势必会从一定程度上影响礼仪教育教学的实效性。目前的高校礼仪教育教学在全面性方面尚有不足,略显片面。

3. 礼仪课程教学模式有待进一步优化

现有的礼仪课程多为选修课程,学生选修的意愿不强,对于所学的礼仪规则知易行难,学习效果不佳,学习的自主性和实效性均有待提升;课程的课时有限,学习资源不足,学生的深度学习难以开展,学习的参与度与挑战度有待提升;课程考核评价的标准不明,教学产出质量无法保障,学习的探究性与个性化有待提升。现代信息技术日新月异,礼仪教育教学手段与方式也应该与时俱进。时至今日,混合式教学已广泛运用于高校课程教学之中。对于如何将混合式教学更好地运用于礼仪课程教学之中,让古老的中华礼仪与现代化的信息技术手段碰撞出奇妙的火花尚在探索中。

笔者拟通过对全过程、全方位、全角度融入思政教育教学的礼仪课程进行全面的设计,将礼仪教育贯穿大学生成长成才的全过程,进一步明确培养目标、优化培养模式、创新培养机制、探索培养路径、夯实培养基础,不断提升学生的礼仪素养。

二、"三阶四维"礼仪教育教学改革的内涵

习近平总书记在党的十九大报告中明确指出:"深入挖掘中华优秀传统文化蕴含的思想观念、人文精神、道德规范,结合时代要求继承创新,让中华文化展现出永久魅力和时代风采。"当前多元文化冲突和中西文化差异为高校思想政治教育工作带来挑战。中华优秀传统文化已融入中华民族的血脉,传承和发展中华优秀传统文化也是国家战略,将其融入高校思政教育体系,对于增强大学生文化自信、帮助大学生树立正确的价值观等具有深远影响。

笔者尝试从第一课堂和第二课堂活动结合的视角出发,探讨礼仪教育教学工作的开展,在探讨将思政教育的礼仪课程与混合式教学改革融入第一课堂的同时,立足第二课堂活动在校园文化育人中的优势,对全过程、全方位、全角度的礼仪教育进行全面设计并实施,通过"三阶四维"的总体设计,使礼仪教育贯穿大学生成长成才的全过程,传承创新中华优秀传统文化,提升学生的礼仪素养。

本书所提出的"三阶"是指"入学礼仪教育、专业礼仪教育、求职礼仪教育"三个阶段,以"三阶"打造全过程渗透式礼仪教育,使礼仪教育贯穿大学生成长成才的全过程。"四维"是指"行业、价值、文化、网络"四维,以其搭建礼仪教育到"企业+""思政+""实践+""互联网+"的桥梁,打造全方位渗透式礼仪教育。笔者通过"朝读夜听""节俗体验""虚拟课堂""创践项目"等途径,全角度地实施礼仪教育,开展丰富多彩的第二课堂活动,与第一课堂紧密结合起来。

三、"三阶四维"礼仪教育教学改革的总体实施过程

1. 探索礼仪教育新路径,打造"三阶"式全过程礼仪教育

"三阶"式全过程礼仪教育是教学团队针对学生的特点,结合大学生不同时期的成长成才需求,设计出的立体教育体系。

(1) 嵌入新生入学教育

通过适应性教育、情商人际关系教育、道德教育、感恩教育等入学教育环节,侧重于校园礼仪、日常社交礼仪、师生交往礼仪等内容,助力大一新生更好地适应并融入大学生活,营造和谐的人际关系,以促进大一新生以更加自信的心态成长成才。

(2) 纳入人才培养方案

通过礼仪类专业选修课、职业道德修养课,以及专业礼仪知识问答、礼仪技能竞赛等方式,第一课堂、第二课堂双管齐下,结合学生所学专业,侧重于礼仪在该专业相关岗位中的运用。

(3) 并入就业指导体系

通过求职礼仪辅导、就业指导等环节,偏重求职礼仪、职场礼仪、商务礼仪等内容的教学,帮助毕业年级学生完成心态转变,提升学生的就业、从业竞争力。

2. 搭建礼仪教育新桥梁,打造"四维"式全方位礼仪教育

"四维"是指"行业、价值、文化、网络"四个方面,以此搭建从礼仪教育到"思政+""企业+""互联网+""实践+"的桥梁,打造全方位渗透式礼仪教育。

"行业"维度是指基于学生将要从事的行业,研究不同行业礼仪存

在的差异,以行业需求为导向,以学生为中心,从学生的专业、职业、就业的角度去思考问题,了解需求与痛点,从而使得礼仪教育更具有针对性和实效性。

"价值"维度是指从根本上改变学生对于礼仪重"术"而轻"道"的倾向,使学生不仅掌握礼仪的规范、技巧,也能将之内化于心,明德尊礼,培养高尚的道德情操。

"文化"维度一是指挖掘和弘扬优秀的中华传统文化,二是指营造与建设良好的校园文化。中华传统文化中确立的"礼"的秩序,不仅是对言行举止的规范,更是中国人的民族品格和道德修养之源;对优秀中华传统文化的继承,既是提升文化自信、文化自觉的重要手段,更是中华民族形成凝聚力的动力之源。另外,在校园内,礼仪文化建设是校园文化建设的关键一环,礼仪文化可以在更高层面上提出要求,促进学生提升道德水平。

"网络"维度是指利用互联网技术与手段,进一步拓展教学时间与空间,使得课堂内外联动,学校内外配合,线上线下融合,探索"互联网+礼仪教育"新范式,包括但不限于利用新媒体平台(如短视频、Vlog、微博、公众号)等手段开展礼仪教育活动。

3. 优化礼仪教育新模式,打造"四混合"全角度礼仪教育

通过"朝读夜听""节俗体验""虚拟课堂""创践项目"等活动,全角度实施礼仪教育,开展丰富多彩的第二课堂活动,并与第一课堂紧密结合。

(1) 组织"朝读夜听"活动,渗透礼仪精华教育

团队组织学生开展"朝读经典""生院夜听"等第二课堂活动,选取《礼记》等中的礼仪经典,以师生诵读的方式潜移默化地熏陶学生;优

选礼仪小故事或体现中华传统礼仪文化的诗歌、文章来组织夜听活动,通过听、思、享、议,启发学生思考,以达到教育"润物无声"的效果。

(2) 开展"节俗体验"活动,助推礼仪传承教育

组织开展"清明文化周""端午祭""中秋祭月"等活动。如清明前后围绕"孝文化"举办"'走孝道'暨'孝文化'展示"活动,以清明节这一传统节日为切入点,弘扬优秀中华传统文化,服务大学生德育,促进校园文化建设。用"孝行"传递孝心,带领学生领略"童蒙、弱冠、盛年"等人生不同阶段的"孝文化"。由班主任对相关中华传统文化进行凝练,再以"《红楼梦》孝文化浅析""生院十大最美全家福""九宫格孝成语竞猜"等生动、新颖、大学生喜闻乐见的形式呈现,深入浅出、化难为简,让大学生的成长"沉浸"在孝文化中。每年中秋节前夕,组织学生在校园长城雄关上、问天楼上、如茵山前举行中秋祭月仪式,进一步推动校园文化建设,加强中华传统文化教育,激发师生的爱家、爱校、爱国热情。教学团队每年都会组织开展端午祭屈原系列活动,并打造成校园特色文化活动品牌。通过"端午祭"等活动,让大学生真切地感受到作为中国特色社会主义建设的接班人,前路漫漫,任重而道远。身为青年学子,必须端正爱国心,练就过硬本领,汇聚青春力量,并将这种力量转化为建设祖国的实际行动,不负先贤,不负时代,不负韶华。

(3) 构建"虚拟课堂",拓展教育平台

团队探索基于MOOC(慕课)构建的虚拟课堂对学生实施礼仪教育。基于逆向思维方式,从"三阶四维"教育设计出发,形成"简(基础知识)、宽(覆盖面广)、精(高度浓缩)"的教学设计,并紧扣探究性、交互性、多样性组织虚拟课堂教学,引导学生构建基本知识框架,启迪思考、引发讨论、解决疑惑。教学团队建成的MOOC《求职礼仪与职场形象塑造》,坚持逐层深入、循序渐进的设计,引导学生在探究问题的过程中,学习礼仪的重难点内容,培养学生分析与解决问题的能力。

(4) 重视"创践项目",优化教育效果

团队注重礼仪教育的实效性,通过创建"书香班级""优秀学风班级"等活动,践行教育使命;通过指导学生参与"古色校园"系列校园文化建设项目、参加"汉绣工作坊""汉服工作坊""礼仪培训室"等"双创"大赛活动,践行并传承中华优秀传统礼仪文化。

4. 聚焦礼仪教育新思路,推进"三三五"礼仪教学内容改革

一是"三业"对接、"三维"融合,培养学生进行高级思维。促进礼仪课程内容与专业知识、行业标准、创业实践的对接,依据社会发展需求动态更新知识体系;基于真实问题,遵循目标导向,重构教学体系,变基于知识点的学科课程体系为行动课程体系,实现知识点、技能点、素质点"三维"有机融合、进阶发展,聚焦学生核心竞争力与高级思维的培养,促进学生自主学习、高效学习。

二是"三层"混合、"五育"并举,致力扩容提质。基于 MOOC、SPOC(小规模限制性在线课程)、线下课堂教学方式进行混合教学,以有效拓展课堂时空,扩充课堂容量。通过礼仪课程内容,与思政元素、中华传统文化相生相容,与公共关系、社交心理与语言沟通等学科相交相融。基于礼仪操、个人形象设计、礼仪"双创"实践项目,在提升学生礼仪素养的同时,提升学生的文化自信、科学思维、健康体魄、审美情趣、实践能力,做到"五育"并举、深度学习。

三是五大模块多元评价,以需定教、以学定教。课程的内容结构遵循学生成长规律,设置 5 个循序渐进的模块,再分解为 30 个具体任务点,将对应的知识、能力、素质目标转化为 49 条"学习产出"标准。依据"学习产出"标准设计教学活动,确定全过程、多主体、多角度、多途径的评价方式与评价工具。基于诊断评价进行逆向设计,以确定教学内容,以需定教、以学定教,促使学生开展探究性学习、个性化学习。

5. 贯彻礼仪教育新理念,探索形成"立体三段"的双线混合式教学

就一门课程的教学而言,应做好期初、期中、期末三段教学设计,从"手把手"到"放开手",因学施教,优化学生的学习习惯。

教师的角色与教学活动的组织随着学生状态的不同而不断进行调整。期初要做好引导者、设计者的角色:提供充足的情感支持和清晰的学习路径,引导学生形成正确的学习动机。期中要做好组织者、协调者的角色:学生在自主学习、合作学习、探究学习方面有明显进步时,教师可逐步放手。期末要做好观察者和评价者的角色:提高学生学习任务的难度,拓宽知识点覆盖面,强化学生积极发挥主观能动性的意识,让学生做主角。

就一次课程的教学而言,做好课前、课中、课后一体设计,从"五学"到"五评",要各有侧重,深化学生的学习能力。

课前线上重自学,抓"五学":任务导学、PPT 自学、视频助学、合作互学、在线测学。课中线下重互动,抓"五点":偏差点、争论点、闪光点、热点、疑难点。课后双线重反思,抓"五评":评知识技能掌握情况、评情感态度、评学习过程与习惯、评实践创新能力、评合作能力。

就一堂课的教学而言,做好"凤头、猪肚、豹尾"式精心设计,从导入到小结,结构完整,强化学习效果。

课堂组织采用BOPPPS①教学设计,强调参与式学习,组织学生开展小组研讨、情景演练、PPT汇报、提问答疑、案例分析、习题讲解等教学环节,围绕重难点开展教学活动,侧重于高阶知识和能力素质的提升,确保混合式教学的效果。

四、"三阶四维"礼仪教育教学改革的经验与效果

(一)改革经验

"三阶四维"礼仪教育教学改革总体思路从设计到实施,广泛征求意见,在实践中不断调整、完善,取得了一定的经验,主要有以下三点:

1. 高点站位,立体设计

从纵向的时间维度到横向的空间维度进行全方位、全过程、全角度的立体化、网格化设计。充分利用第二课堂,覆盖大学生从新生入校到毕业离校的全阶段,从朝读到夜听、班团会、节假日等课余的全时段,从教室、校园文化育人场所、家庭、社会到互联网网络空间的全领域,从价值、文化到行业、网络由内到外的全范围,进行"三阶四维"的立体化教学设计,确保礼仪教育的渗透性与实效性。

2. 寓教于乐,广泛参与

项目通过"朝读夜听""节俗体验""虚拟课堂""创践项目"等活动

---

① BOPPPS教学模式源于加拿大的教师技能培训,是一种以教学目标为导向、以学生为中心的教学模式。它由导言(bridge-in)、学习目标(objective/outcome)、前测(pre-assessment)、参与式学习(participatory learning)、后测(post-assessment)和总结(summary)六个教学环节构成。BOPPPS这一名称是由这六个教学环节的英文单词的首字母构成。BOPPPS是教师进行教学设计及课堂组织教学的一种有效模式。

形式,提升礼仪教育的趣味性和吸引力,以生动有趣、喜闻乐见的活动载体传承中华优秀礼仪文化,并重视在探究与学习中创新。此举得到学院师生的认可,学院相关教师与全体学生积极策划、自发参与,覆盖面较广。

3. 一、二课堂,紧密结合

项目坚持礼仪教育与专业教育、品德教育与技能教育的紧密结合。紧扣学生所学专业进行礼仪教育体系开发,侧重礼仪在各专业相关岗位中的运用。通过职业道德修养与专业礼仪知识问答、礼仪技能竞赛等活动,确保第一、二课堂双管齐下,充分调动学生自觉提高自身素质的积极性、主动性,做好第一课堂教学的拓展延伸。

(二)改革效果

通过研究与实践,取得了打造"三精品"、优化"四风"、促进"五学"的良好效果。

1. 打造"三精品"

一是校园文化活动精品。团队指导的"楚风园"端午祭屈原系列活动入选全国高校"礼敬中华优秀传统文化"特色展示项目。2020年,团队教师指导将"楚风园"祭屈原仪式作为毕业典礼的最后一个议程,在行"拨穗礼"后行"周礼",被《中国教育报》誉为"最复古的毕业典礼"。另外,"中秋祭月""清明孝文化周""二月二龙文化周""花朝节"等活动,作为精品活动多次被校内外媒体报道。

二是文化项目精品。团队指导的"古色校园"系列校园文化项目建设方案多次被学校采纳,并运用于学校校园文化建设之中。"汉绣工作坊""汉服工作坊"等"双创"项目,多次获得省、市、校级"双创"大赛奖项。

三是精品课程。团队开发的《求职礼仪与职场形象塑造》课程荣获两项湖北省精品课程荣誉,分别在中国大学 MOOC、超星、易班、易启学等平台建课开课,获得校级教学成果奖一等奖、校级一流课程等荣誉。

2. 优化"四风"

通过本团队基于"三阶四维"设计的全方位、全过程、全角度礼仪教育的开展与推广,校风、教风、学风、研风均有明显改善。全校师生关注礼仪、重视礼仪、践行礼仪,互相尊重、团结友爱,能以礼仪为切入点,开展创新研究并获得成效。

3. 促进"五学"

通过"三阶四维"立体化礼仪教育的实践,培养学生良好的学习习惯,推动班级学生完成"五个转变",即自主学习、合作学习、拓展学习、体验学习、实践学习的转变。推进自主学习,帮助学生转变为主动学习者;推进合作学习,加强第二课堂的实效性,构建多向协作探究的学习氛围;推进拓展学习,扩容增量,紧跟时代发展,提升学生的就业竞争力与职场生存力;推进体验学习,通过活动体验,达到润物无声的教育效果;推进实践学习,突破第一课堂"知易行难"的礼仪教学困境,充分运用第二课堂的优势,构建社交、生活、社会大课堂,引导学生树立终身学习、终身实践的理念。

中篇
"三阶"礼仪教育教学改革

一、入学礼仪教育

将礼仪教育嵌入新生入学教育,通过新生入学阶段的适应性教育、情商人际关系教育、道德教育、感恩教育等环节,侧重于校园礼仪、日常社交礼仪、师生交往礼仪等方面的培养,助力大一新生更好地适应并融入大学生活,营造和谐的人际关系,以更加自信的姿态成长、成才。在实施教育教学时,深入挖掘大学生对礼仪"知而不行"的原因并进行对策分析,借鉴道德教育理论对高校礼仪教育的启迪,坚持以传统儒家文化为底蕴,坚持现代礼仪教育要向古代礼仪教育取经,以提升礼仪教育的实效性。

(一)大学生对礼仪"知而不行"的原因和对策分析

礼仪教育作为道德教育的分支,在高校教育体系中占有一席之地,且日渐受重视。礼仪教育工作者们从课程的要求出发,进行了许多相应的探讨和改革。但是,从教育的实际效果来看,这些改革虽改善了课堂教学效果,引起了大学生的关注,激发了大学生的兴趣,但从当前大学生的总体素养来看,我国礼仪教育存在一大硬伤,即礼仪行为的主体——大学生,对所受的礼仪教育"知而不行"的现状并未得到很大改善。

礼仪教育的目的不仅仅是让大学生知晓礼仪规则,更重要的是能够让礼仪规则在他们的行为中得以实施。所以,礼仪教育教学改革的重点应该是有效改善受教育者对礼仪"知而不行"的现状。

1. 大学生对礼仪"知而不行"原因的调查结果

笔者在开设过礼仪课程的班级中展开调查,调查人数为187人。此次调查的对象是对礼仪"知而不行"的主体——大学生,采取的方式是提出开放性的问题,要求被调查者自行分析。通过汇总,调查结果按以下情况出现的频率由高到低进行排列:

① 固有的习惯约束;

② 周围的环境和社会风气的影响;

③ 片面的礼仪知识的限制;

④ 以善小而不为,以恶小而为之;

⑤ 对礼仪的认识和态度。

调查结果显示,约87%的学生表示自己确实"知而不行",仅有约13%的同学表示自己在一定程度上"知而后行"。

2. 大学生对礼仪"知而不行"的原因归类及分析

针对以上调查结果,笔者又进行了个别访谈,并且在调查和访谈两方面结果的基础上,对大学生对礼仪"知而不行"的原因加以整合和归类。主要有以下三类原因:

(1) 因为畏惧而不敢"行"

这一类大学生对礼仪教育的态度是较正确的,并表示认可,且有较强的实施礼仪行为的想法。但是由于不够自信,或者立场不够坚定而不敢实施相应的礼仪行为。这类大学生主要有两"畏"：

① "畏"出错

由于礼仪规则细致而繁多，且有些规则大同小异，在记忆时极易遗漏或混淆，因此有些缺乏自信的学生因为认为自己对礼仪知识的理解和掌握不够全面，害怕用时出错，所以干脆不用，以免出错闹笑话。

② "畏"出位

受周围的环境和所处社会的风气影响，即使很想实施正确的礼仪行为，但是唯恐遭人冷眼、被人讥讽，故而采取随大流的做法。明知自己的行为不对，却因害怕出位，但求合群，所以"知而不行"，以免遭冷落。

（2）因为惰性不愿"行"

这一类大学生由于本身素养存在问题，且对礼仪的态度不够端正，因而虽不时有实施礼仪行为的想法，但这种想法不够强烈，就很容易屈从惰性而不愿行。这类大学生主要有两"嫌"：

① "嫌"麻烦

礼仪规则为了确保人际关系的和谐，大多对人的行为略有约束，故而在实施时必然不能随心所欲。加之当前的大学生在成长的过程中缺乏礼仪教育，已经形成了一些不好的、自私的习惯。因此，虽然知道自己的所作所为不甚正确，但是嫌麻烦而不实施礼仪行为。

② "嫌"琐碎

由于部分礼仪规则着眼于细节，显得比较细微，而相应的礼仪行为也是体现在一些极小的事情上，所以有些大学生认为"做大事者不应拘小节"，造成明知是善行却"因小而不为"，明知是恶行却"因小而为之"。

(3) 因为偏见而不屑"行"

这一类大学生对礼仪的态度是排斥的、不认可的。由于偏见和误解,他们对礼仪的认识和看法是极端错误的,不仅自己不实施相应的礼仪行为,而且还时常耻笑身边实施礼仪行为或想实施礼仪行为的人。这类大学生对于礼仪主要有两"耻":

① "耻"于做作

这部分人比较偏激地认为礼仪是教人如何刻意与做作的学科。他们只看到礼仪对美好行为举止的外在模仿,看不到礼仪的实质是内在敬意的表达。

② "耻"于"老土"

这部分人追求错误的"时尚",认为礼仪是老土的条条框框,倘若实施一定会妨碍他们追求自由与时尚。他们崇尚不加限制的所谓自由,以粗俗为美、以怪异为美、以世人不认可为美,因而更不会去实施和推崇真正的美的礼仪。

3. 大学生对礼仪"知而不行"的对策探讨

如上所述,大学生对礼仪"知而不行"归根结底的一个原因,就是并非真知,而是知得不够彻底、不够全面、不够正确。因此,要想从根本上提高大学生的素养,改善大学生的礼仪行为现状,就得针对以上三种类型的心理特征,有的放矢地开展礼仪教育教学活动和教学改革。

(1) 注重"发现"教学,使之树立自信,增强决心

对于因为畏惧而不敢"行"的学生,关键是要增强他们的自信心,并且要促使他们坚定实施礼仪行为的决心。要让他们增强信心、坚定决心,就得了解造成他们不自信、不坚决的根本原因是什么。

因对礼仪规则掌握不够透彻而不敢实施礼仪行为,主要是由礼仪知识体系的特殊性造成的。礼仪规则大多是源于生活且广泛应用于生活的,所以,在大学开设礼仪类课程之前,部分学生可能就已经在生活中接触和实施过一些礼仪规则。一方面,这为学生大学期间系统礼仪知识的学习奠定了一定的基础;但从另一方面来看,这也可能为礼仪学习带来一些负面的影响。比如,各地民俗存在差异,造成大学生以前所采用的行为规则与礼仪课程中介绍的规则有出入,或者学生会因为自己知道一些礼仪规则而放松学习等。这些负面因素,都会对整个礼仪知识体系的构建产生不利影响。再加上礼仪规则细致而繁多,难以梳理和构建体系。这些都会使学生在需要实施礼仪行为时,无法清晰记忆和辨析礼仪规则,导致其干脆放弃符合礼仪规则的做法。

对于因社会环境的影响而不敢实施礼仪行为的同学而言,主要是因为个性问题。因为生性害羞、内向,希望与大多数人保持一致,害怕出位等,所以明知是正确的也不敢去做。

要解决以上问题,就得引导学生构建清晰而完整的礼仪知识体系,给他们制造机会去体验实施礼仪行为的快乐,增强信念与决心。这样,教师就不能单方面地去灌输知识,让学生被动接受,死记硬背,而应该在教学过程中多运用发现法来组织教学。发现法由美国心理学家布鲁纳所倡导。他认为:发现,并不限于寻求人类尚未知晓的事物,而应指人们用自己的头脑亲自获得知识的一切方法。从教学的角度看,如果教师只作引导,让学生自己主动地去学习,去概括出原理或法则,学生就会因自己发现感到愉快和成就欲得到满足而使学习具有强大的动力,所得知识也会深刻且不易遗忘。

① 发现规则，自行整合

在礼仪教学中，对于礼仪规则较多或者较易混淆的章节，可以多运用发现法来进行教学。让学生自己去发现这些规则，这样学生对所学的知识会记忆比较深刻。在采用发现法进行教学时，还可以结合礼仪课程的特色，运用多媒体，营造轻松愉悦的学习氛围。如在讲授男士穿西装的礼仪时，可以多搜集一些大学生喜爱的影视明星穿西装的图片，将正例（即穿得符合规则）和反例（即穿得不符合规则）加以对比，引导学生自己发现问题，找出规律。还可以添加一些时尚的元素，如对"大家来找茬"游戏的模仿：自己制作两张教学照片，其中一张男主角按照规则穿好西装，而另一张与第一张照片几乎一样，只是在穿西装时容易犯错的几处细节上略有不同，让学生在"找茬"的过程中发现规则，并将这些规则自行整合。

② 发现问题，及时修正

有时候，通过一定时间的学习，学生往往以为自己已经彻底懂得并且能够熟练运用礼仪规则了，但等到去实践时，他们才发现还有许多疑问和不足，结果会因害怕出错或者是已经出错就不敢再实施了。因此，教师只有在课堂中多开展实训，才能让学生及时发现问题，加以修正，此后在实际生活中，由于已有了清楚的认识、及时的训练和正确的指导，学生可以彻底克服自己的畏惧情绪，自如地运用礼仪规则。

③ 发现乐趣，坚定信念

发现，不仅仅指发现课程知识，还应该指发现运用课程知识的方法和乐趣。因为个性原因而选择随波逐流的大学生，教师应该组织他们多参与课内外礼仪活动，并给予适当的鼓励和赞扬，让他们在活动中发现乐趣，体会到彻底实施礼仪行为虽然可能会给自己带来一些冷嘲热讽，但是更多的是被欣赏和被羡慕，以此来坚定他们实施礼仪行为"从我做起,改变社会"的信念。

(2) 多用案例教学,使之端正思想,分清利弊

那些因为惰性而不愿实施礼仪行为的学生,并非抵触礼仪,只是容易顺从习惯、忽视细节。想要让他们对礼仪"知而行之",就得让他们正视"知而不行"的弊端,意识到细节决定成败。这就得在课堂教学中多采用案例教学法。

案例教学法又被称为苏格拉底式教学法,是英、美、法等国法学院最主要的教学方法。它是运用案例剖析其中蕴涵的各种理论和知识,由教师使用案例教学,以学生团体和小组的形式进行讨论、角色扮演、撰写案例分析报告等多种方式增进学习成员之间的交流、学习者的主动思考,并给予学习者模拟真实情景进行学习的一种具有极强实践性的教学方法。

通过精选案例,学生可以观察并分析得出:一个无礼的行为所带来的麻烦远胜于实施有礼行为所带来的麻烦,人们塑造良好形象往往需要面面俱到,但破坏良好形象却仅仅只需一个小细节。另外,为达到较好的教学效果,教师还可以布置相关作业,要求学生根据案例自演,通过角色扮演和对要点进行艺术性放大,可以让学生在扮演和观看的快乐中获得知识,端正思想。

(3) 展开讨论教学,使之分清美丑,辨明是非

那些因为偏见而不屑实施礼仪行为的大学生,他们思维多有些偏激,容易走极端。想要他们实施礼仪行为,成为礼仪的实践者和支持者,就先要让他们认同礼仪教育。如果一直采用说教式教学方式,不仅不能让他们认同礼仪,还极有可能加重他们的厌恶感。不如适当开展讨论式教学,让他们得以表达自己的见解,教师再加以合理疏导。

讨论法一般是指在教师的指导下,由全班学生或小组成员围绕某一中心问题发表自己的观点和看法,从而进行相互学习的一种方法。讨论法的优点显而易见:可以互相启发,互相补充,集思广益,从而让学生获得比较完整、深刻的对知识的认识;通过讨论,可以活跃思维,激发学生的学习热情和兴趣,调动他们学习的主动性和积极性;通过共同讨论、分析琢磨,有助于培养学生分析问题和协作学习的能力以及培养学生的语言表达能力。

讨论法的运用不仅可以使这一部分学生分清美丑,辨明是非,同时也可以坚定其他同学的认同感。教师预先准备的问题要合适,除了要与章节内容紧密相关之外,还要能引起学生讨论的兴趣。另外,教师在组织讨论教学时,还要注意对待这部分学生的态度,不应激化他们的抵触情绪。要在学生辩论的基础上,有技巧地加以疏导,真正地转变他们的观念。还可以以"正说反说"为主题,要求学生分两个阶段对同一问题从正反两方面加以辩论。如:在讲授服饰举止礼仪时,可以准备学生所喜爱的某一明星饰演的几种不同类型角色的视频片段,要求学生在观看这些较典型的片段后对自己最喜欢的"美女"或"帅哥"的类型表明态度,再根据学生的态度分组,展开"何为美"的讨论。在讨论相当激烈且相持不下时要求学生互换立场,再次讨论,最后教师才加以点评。在讨论的过程中,特别是立场被迫转变后,虽然站在自己不认可的立场上,但在求胜心的驱使下,学生会主动地获取知识,接受正确观念。而老师最后的点评不仅要强化正确的观念,还要注意对更换到错误立场的同学施以必要的引导。

(二)道德教育理论对高校礼仪教育的启迪

道德是依靠社会舆论、传统习惯和内心信念来调整个人与个人、个人与社会之间关系的行为规范。这种行为规范并非是制度化的,而是一种内化的规范,只有在被人们真心诚意地接受,并转化为人的情感、意志和信念时,才能得到实施。

礼仪更是一种社会规范,无论在哪个时代和哪个国家,它都与道德规范有着紧密而特殊的联系,它和道德规范一样,在一般情况下,它是依靠个人的内心信念、社会舆论和风俗习惯等力量来维持的。礼仪是人们为人处世、言行举止等方面的行为规范的总和。

在实施礼仪教育时,辨明礼仪与道德的联系与区别,对于增加礼仪教育的实效性,取得"知行统一"的教育效果具有较重要的意义。

1. 礼仪与道德的联系与区别

(1) 礼德相融,互为表里

礼仪和道德是相通的。古人认为:"卑让,礼之宗也。""卑让,德之基也。""有礼者敬人。""礼者,敬而已矣。""敬,德之聚也。能敬必有德。"由此可见,礼德相融,礼德互通。

道德和礼仪是一种内容和形式的关系。所谓道德是调整人与人之间、人与社会之间的相互关系的行为准则和规范。但是,从实际操作的角度来看,道德作为行为规范很抽象,因此它在实践中必须要和一些具体的外在形式相结合才能发挥作用。而这些表现道德的具体形式,就是礼仪。当道德的精神通过礼仪的形式表现出来时,就会使无形的道德显得极为丰富多彩。

(2) 礼德相异,各具特色

礼仪与道德既是相通的,又是各有特色的。道德规范是深层次的行为规范,它是抽象的、概括的。礼仪规范是以道德规范为内核的一种行为规范,它是具体的、直观的。"尊老爱幼"是一种道德规范,但是它是抽象的、概括的,具体应该如何实施则体现在礼仪规范之中,如"在宴会中由年长者先动筷""问候时以长者为先""为长者让座"等。

此外,礼仪和道德的衡量标准也不尽相同。礼仪主要以美丑来衡量,道德更侧重于以善恶来衡量。

2. 礼仪教育与道德教育的一致性

礼仪既然是与道德相通相连的,那么礼仪教育自然应与道德教育存在一致性。了解两者的契合点,不仅可以在实施礼仪教育时,有针对性地参考国内外道德教育的经验和教训,对于我国尚处于起步阶段的现代礼仪教育本身的发展也有不少益处。

(1) 教育的目的一致

礼仪教育与道德教育的根本目的都是培养具有良好礼仪修养和较高道德水平的受教育对象。如果缺乏较高的道德认知水平,仅是强调良好的礼仪行为,这样的礼仪教育则会沦为形式主义。如果缺乏良好的礼仪行为,仅是强调道德认知,则会使道德教育成为低效教育。所以,礼仪教育与道德教育的根本目的是一致的。

(2) 发展的规律一致

礼仪教育和道德教育都强调由他律到自律的发展。良好的礼仪修养和道德修养,除了是"敬人"的规范表达,更是"律己"的自我完善。

礼仪规范和道德规范一样,都是依靠个人的内心信念、社会舆论和风俗习惯等力量来维持的。而其中依靠个人的内心信念来维持的效果更持久、更稳定。高校礼仪教育和道德教育的目标不仅仅是把社会既定的规范传授给大学生,更重要的是要能让他们自觉地把这些规范内化为自己的信念,并用这种信念指导自己的行为。如果大学生确立了应有的信念,则不论身在何处,都能自觉地规范自己的行为。

(3) 生效的要点一致

礼仪教育和道德教育的生效都是以受教育者的认同为前提,以践行为标志。礼仪教育和道德教育要求认知和行为的统一。而知行统一的前提条件应该是认同。认知仅仅是对礼仪规范和道德规范的浅层理解,不能内化为个体的自觉需求。只有个体对规范产生了强烈的认同情感,才能真正把这些规范纳入到自我认知结构中,形成一种稳定的心理品质和信念,才有可能影响主体的行为。在认同规范的前提下所实施的良好行为,才是教育产生实效的标志。

3. 西方道德教育理论对我国高校礼仪教育的启迪

由于礼仪教育和道德教育的教育目的、发展规律和生效要点都是一致的,所以,一些较成熟的西方道德教育理论,不仅可以为我们提供许多富有启发意义的道德教育思想和可资借鉴的道德教育方法,还对我国高校礼仪教育有所启迪。下面主要介绍两种西方道德教育理论对我国高校礼仪教育的启迪:

(1) 西方的两种道德教育理论

① 拉思斯的价值澄清理论

价值澄清理论指在人的价值观形成过程中,通过分析和评价的手段,帮助人们减少价值混乱以促进同一价值观的形成,并在这一过程中有效地发展学生思考和理解人类价值观的能力。它主张价值观的形成不能通过灌输,而只能通过澄清的方法,通过自由选择、赞扬与评价实践过程来引导学生做出理智的价值选择并付诸行动,才能解决价值冲突,使人们形成稳定的道德心态和道德品质。价值澄清理论强调通过一系列价值澄清策略,教给学生一些澄清自己价值观的技巧以及自我批评、自我指导的能力,并使他们把这种能力转化为行为习惯。其主要代表人物是拉思斯,在其著作《价值与教学》中,提出了澄清问答法、书面评价法、班组讨论法、填空法、填写价值单、价值观投票、价值观地理、角色游戏、后果搜寻、填写名片、群体谈话、时光日记、给编辑的信等方法和策略。在运用价值澄清法时,强调教师应注意学生在日常生活中表现出来的问题,借助这些问题及时引导学生进行价值思考和评价。

② 班杜拉的社会学习理论

该理论的核心思想是强调人类的行为是个体与环境交互作用的产物,重在阐明人怎样在社会环境中学习,并进而形成和发展其个性。首先,该理论强调行为约束,忽视认知发展。班杜拉认为,纪律给各种行为以一定的目的,同时使个人的行为合乎规则。其次,该理论认为榜样示范对品德学习具有积极意义。班杜拉指出,大部分的人类行为是通过对榜样的观察而习得的。榜样示范不仅指人本身的示范,还包括校园环境、文字符号、图像信息等。示范的作用可以是积极的,也可以是消极的。最后,该理论强调观察学习是行为获得的基本学习方法,包括注意过程、保持过程、运动再现过程和动机过程或自我调节过程。

(2) 对我国高校礼仪教育的启迪

① 高校礼仪教育应重视自我教育

苏联教育家苏霍姆林斯基指出:真正的教育是自我教育,就是用一定的尺度来衡量自己。学生的自我教育以教育工作者的教育影响为外部条件,自觉地进行思想转化和行为控制,以不断地完善自我为目标。大学生要形成良好的形象和礼仪修养,除了要重视学校教育和家庭教育外,还要能够激发自我教育。大学生通过自我教育而形成的礼仪认知，比起通过外在作用被灌输的礼仪观念要稳定得多，效果也更加明显，因为它更加符合教育的规律。礼仪教育工作者应把着眼点由"外灌"转移到"内塑"上，把着力点放在激起学生自我塑造、自我完善上，增强他们的自我投入意识，提高他们的参与程度，锻炼他们的自我完善能力，指导和督促他们外塑形象、内强修养，增强礼仪教育的实效性。

充分发挥大学生的自我教育能力，能使学生得到和谐、全面的发展，在礼仪教育中有着不可估量的作用。那么，如何培养学生的自我教育能力？我们可以在价值澄清理论的启迪下，探索一些方法和途径。

高校礼仪教育中现存最突出的问题就是大学生知行不统一，认知好，行为差。培养大学生的自我教育能力能有效改善这一现状。教育工作者可以以大学生在日常生活中表现出来的错误行为和观点为话题，组织学生展开班组讨论或角色扮演，以学生为主体，教师负责引导学生进行价值思考和评价。在价值澄清的基础上开展自我批评，强化他们自我指导的能力，并使他们把这种能力转化为行为习惯，达到"慎独"和"自省"的教学效果。

② 高校礼仪教育应重视渗透教育

渗透教育是指教育者通过一定载体对受教育者实施的一种潜移默化的教育。渗透教育是一种教育方式、途径和原则，是与灌输教育相对应的一个概念，两者是相互联系、相互渗透的。渗透教育的提出，旨在弥补灌输教育的不足，其核心思想是强调潜移默化，往往必须依托载体或具体途径而进行。

渗透教育具有隐蔽性，它把各种抽象的理论渗透到各学科和课外活动中去，因势利导、潜移默化，并在教育过程中有意识地将理论转化为学生的内心信念和行动。渗透教育追求一种潜移默化、寓教于无形的效果,教育的形式、途径、策略更加隐蔽,也更容易为大学生所接受。特别是部分思想和行为较为叛逆的学生,对他们采用渗透教育效果远胜于灌输教育。人类的行为是个体与环境交互作用的产物,在高校礼仪教育中,教育工作者可以多组织一些实践活动,让学生在社会环境或教育者所营造的模拟环境中学习,并进而形成和发展其个性和礼仪行为。

渗透教育具有广泛性,渗透的内容丰富多彩,载体多种多样,所以渗透教育可以全方位、多角度地存在于所有的教育中。因此,我们可以结合班杜拉的社会学习理论,从营造良好的校园礼仪氛围入手,通过仪表镜、校园标语、名人名句、视频播放、礼仪讲座等多种形式,全方位、多角度地对大学生进行渗透礼仪教育。

③ 高校礼仪教育应重视榜样教育

班杜拉指出,大部分的人类行为是通过对榜样的观察而习得的,礼仪行为也不例外。榜样教育是我国的一种传统教育方式,可以在礼仪教育中得以继承和发展。倡导向榜样学习,以榜样的礼仪素养和举止风貌来激励和鼓舞大学生,使之形成良好的道德素养和得体的言行举止。

礼仪教育工作者通过榜样教育大学生时,要结合时代特色和大学生的心理发展特点来选择榜样。不仅可以选取得到学生认可的独具风采的中外名人,还可以选取身边的师友。礼仪教育工作者可以通过开展班级"礼仪之星"的评比活动,挖掘班级中得到同学认可的榜样,发现学生的闪光点,指导他们成为名副其实的榜样。

礼仪教育工作者更应规范自己的行为举止、仪态仪表,让自己能够成为学生自觉效仿的榜样。孔子曾说过:"其身正,不令而行;其身不正,虽令不从。"一个气质高雅、仪表整洁的教师对学生的礼仪教育具有积极的引导作用。因此,礼仪教育工作者要以爱岗敬业、热爱学生、严谨治学等道德规范约束自己,并严格规范自身的言行,使自身素质适应素质教育的需要。教师只有把言教和身教有机结合起来,才能在礼仪教育中发挥更大的作用。

(三)高校礼仪教育应以传统儒家文化为底蕴

礼仪,在中国古代有着极高的地位。它包罗万象,既是律己的规范、处世的准则,又包含社会秩序、政治制度、法律典章。从天子到庶民,从国家治理到日常生活,无不属于礼仪适用的范畴。因而它曾是教育体系中至关重要的组成部分。

礼仪,也曾给中国人民造成很大的伤害。1933年,鲁迅先生在《准风月谈》中写道:"中国又原是'礼让为国'的,既有礼,就必能让,而愈能让,礼也就愈繁了。……'非礼勿视,非礼勿听,非礼勿言,非礼勿动',静静地等着别人的'多行不义,必自毙',礼也。"这样的礼,确实曾牢牢地束缚着国人的思想和行动,阻止了人们对封建统治的反抗和斗争。正因如此,在学海里,它曾隐退到近乎靠"寄居"在伦理学、人类学、民俗学、公共关系学等相关学科中而生存。

近年来,它又慢慢地从这些学科中分化出来,成为高校教育的一门独立而日益重要的学科。它从巅峰到低谷再又重新兴起,从备受尊崇到饱尝唾弃又再得到关注,从详尽烦琐到"修枝剪叶"而后又"改头换面"。从兴盛到衰落再到兴盛,礼仪教育在中国教育体系中的地位发生了巨大的反差式的改变,伴随着地位的改变,礼仪教育的内容也发生了重大的改变。

1. 高校礼仪课程教学内容的选择和分析

（1）教学内容的选择

近年来，许多高校开始开设礼仪课程，各类礼仪学的教材、书籍也越来越多。这些教材多围绕四个方面展开：①个人生活礼仪，包括着装、表情、站姿、坐姿、行姿、蹲姿等；②公务社交礼仪，包括介绍、握手、递接名片、拜访、接待、座次安排等；③涉外交往礼仪，包括了解各个国家的基本礼仪规则和禁忌等；④各行各业的职场礼仪，包括各类行业不同的礼仪要求。总的方向不错，但是这些教材在处理中西礼仪规则冲突时，多以介绍西方的受到国际认可的服饰、交际、宴请等方面的礼仪为主；而对于从中华传统礼仪中传承而来的礼仪规则也仅限于谈规则，不去挖掘它深刻的文化背景。因此，担任礼仪教学的教师在课程教学内容的选择与处理上也是遵循这两点原则。

（2）积极效果分析

上述对课程内容的选择和处理就出发点而言是无可厚非的，因为随着社会和时代的发展，人际交往的范围越来越广泛，即将踏入社会的大学生确有必要学习这四个方面的礼仪知识，特别是国际认可的礼仪知识，以便在工作、生活、对外交往中灵活自如地使用。

大学生倘若具备了上述四个方面的礼仪知识，能熟练运用那些礼仪规则，即可彬彬有礼、大方得体地处理各种公私事务，自如地在工作、学习、日常社交、公务接待、涉外活动中塑造良好的个人形象，获取良好的公众口碑。这些都有助于他们人生的成功。

（3）消极后果分析

这种处理也会带来一些不良后果。就中西规则之间有冲突时以西方礼仪规则为主而言，就有三种可能存在的问题。第一，当教育者过多地强调这些与中国本土文化关系甚微的西方礼仪知识时,受教育者会在一定程度上减弱民族自豪感,增加不必要的崇洋媚外观念。第二,这种片面的强调易使受教育者轻易否定优秀中华传统礼仪文化,进而轻易否定与之相关的优秀传统文化,导致受教育者丧失探究礼仪规则背后所蕴含的道德观念、民俗文化的兴趣。第三,礼仪教育很大程度上得依靠家庭教育,这就需要一代代人的文化传承。对于这些西方的现代礼仪知识,很多大学生家长本就知之甚少,更无法提供良好的家庭教育环境,使得学校礼仪教育成为"低效教育"。

仅谈规则而不去挖掘它深刻的文化内涵,表面上看是简化了学科课程内容,减轻了学生的学习压力,但实质上是将礼仪处理成一种单纯的、外在的技术性的东西,脱离了文化和道德的约束,事实上这种礼仪是残缺不全的。正因如此,许多大学生在学习礼仪时感觉很实用,觉得自己学得很不错,但实际运用起来,特别是课程结束一段时间后,就感觉其可有可无,成了"说起来重要,做起来次要,忙起来不要"的东西了。

2. 高校礼仪教育应立足于优秀中华传统儒家文化

(1) 传统礼仪与儒家文化的关系

传统礼仪的兴起与发展,中国享有"礼仪之邦"的美誉,这些都与历代统治者长期推行儒家的思想政治主张是分不开的。儒家文化正是"礼"的文化,儒家实际上也可以称为是"礼家"。儒家治国安邦的理念是"为政以礼",对人民"齐之以礼",通过教育的方法把礼的规范转化为人的内在的自觉行为。辅佐周成王的周公制作礼乐,将人们的行为举止、心情等都纳入尊卑有序的模式中。到了孔子时代,人文精神开始发展,礼的内容也进一步扩展。孔子认为人"不学礼,无以立"。在治国方面,他也反复强调"为国以礼""以礼治国"。到了汉代,汉武帝由于采纳董仲舒的"罢黜百家、独尊儒术"这一建议,儒家的礼治在封建社会得到了进一步发展,而且与封建社会整体、社会等级制度和道德学说紧密结合起来,渗透到社会生活的各个方面。英国著名哲学家、逻辑学家罗素说过一段话,很能反应儒家文化与礼仪的关系。他说:"儒家很成功地使整个中国保持了优美的风度与完善的礼节。……这种礼节并非仅限于上流社会,贫苦的人民也颇讲求。"传统礼仪可以说是儒家文化的精髓。

(2) 儒家文化在其他国家与礼仪教育结合的成果

韩国、日本等几个同属东方文化圈的国家都大胆地引入儒家文化,并将其与礼仪教育相结合,取得了良好的教育效果。

金京一教授在《孔子死,国家兴》一书中,记载了一则资料:1995年,在韩、中、日三国曾有一份民意调查,问:"东方的儒教文明,能成为现代世界普遍的指导理念吗?"在被调查的对象中,回答儒学文明是现代指导理念的,韩国占90%,中国占22%,日本占63%[①]。从这一调查结果中可以看出当时韩、中、日三国对儒家文化的尊崇程度。

韩国运用儒家文化立国育民的成功范例,证实了英国著名历史学家汤恩比博士的预言:"挽救21世纪的社会问题,唯有中国的孔孟学说和大乘佛法。"韩国把孔子尊为"万世师表",并每年举行纪念孔子的"释典大祭",韩国的国策中最成功的经验之一,是挖掘儒家的精髓,把它运用到教育特别是礼仪教育中。正因如此,韩国在1988年的汉城奥运会和2002年的韩日世界杯中才得以展现韩国国民文质彬彬、温文尔雅的风度美。

---

① 王岳川.季羡林评传[M].合肥:黄山书社,2016.

日本也十分重视从中国引入的儒家文化,并且对其中的"礼"和"忠"特别重视,以"礼"对秩序的肯定和以"忠"对个人责任感的强调成为日本民族道德价值的重要元素,并将儒家文化运用于对受教育者的礼仪教育之中,也起到良好的实效。

由此可见,传统儒家文化与东方文化圈的礼仪教育是相容的,且有其辅助性作用。

(3) 现代礼仪教育应以传统儒家文化为底蕴

① 以传统文化为底蕴可以使传统与现代保持紧密结合

诚然,中华传统礼仪有其消极、保守、反动的一面,它要求人们安于自己的等级,不能稍有逾越,否则就是大逆不道。特别是"以死守贞""惟命是听"的封建家礼,不知残害了多少无辜的女性,造成了多少家庭的悲剧。因此,它受到了追求民主思想、追求人性解放思想的前人的批判和否定。但是,中华传统礼仪中还有许多精华等待着我们去继承和发扬,我们不能因为这些批判和否定而全盘放弃中华传统礼仪。意大利的利玛窦在游历中国后,就曾针对中国的孝道而写道:"下述的情况一定可以见证世界上没有别的民族可以和中国人相比。有一条严格遵守的庄严规矩:孩子们在长辈面前必须侧坐,椅子要靠后;学生在老师面前也是如此。"莱布尼茨也曾写道:"孔子的垂教,对于公私生活秩序所起到的良好影响令人惊诧。"这都说明了传统的儒家文化曾对被称为"礼仪之邦"的中国起到了积极的作用。

中华传统礼仪作为一种人类文化,是人们在长期实践中为了保证更好地交往而形成的,无论是从礼仪形成的出发点来看,还是从礼仪实践来看,一些积极的礼仪规则,如"父慈子孝、兄友弟恭""礼之用,和为贵""礼尚往来"等,都反映出中华民族的传统美德。我们进行礼仪教育时,绝对不能全盘否定传统礼仪,割裂自己民族的历史。毛主席曾说过,"我们必须尊重自己的历史,决不割断历史""从孔夫子到孙中山,我们应当给以总结,继承这一份珍贵的遗产"。因此,传统礼仪与现代礼仪的紧密结合在现代礼仪教育中至关重要。

而要保持传统礼仪与现代礼仪的紧密联系,就得坚持高校礼仪教学以儒家文化为底蕴。因为中国的传统礼仪是与儒家文化息息相关的,不理解儒家文化就无法了解传统礼仪的精髓。

② 以传统文化为底蕴可以增强被教育者的民族自豪感

时下韩剧盛行于大学生之中,许多大学生为韩国人彬彬有礼的举止及其对长辈的尊敬程度而折服。在他们感叹韩国人的修养的同时,总喜欢拿中国人作比较,且对于中国青少年对父母、亲友、邻里高频率的不敬而喟叹。这样会一定程度地减弱他们的民族自豪感。如果他们熟知儒家文化,就应该知道,这本是我国儒家文化对晚辈作出的礼仪要求:路遇长辈,应拱手侧立、微微鞠躬,以示尊敬。《论语》"子路从而后"里就记载了这样一件事:子路路遇荷蓧丈人,问丈人可曾见过他的老师孔子。当时子路的做法就是"从而后""拱而立"。

教师在教学中倘若善于联系实际和大学生崇尚的流行时尚等因素,适当地进行礼仪规则和礼仪现象的来源分析,从优秀中华传统文化中寻求根源,不仅有助于大学生理解传统文化,更有助于提升他们的爱国热情和民族自豪感。

③ 以传统文化为底蕴可以辅助礼仪教学的效果落到实处

礼仪是在人际交往中,以约定俗成的程序、方式来表现的律己、敬人行为的过程。因此礼仪教学不能单一地强调那些具体的礼仪规则和约定俗成的程序,而必须挖掘其中的道德依据和文化底蕴。只有这样,具体的规则和一定的程序才能得到受教育者的真正认可,才可能内化为学生下意识的一部分,完全自觉地遵守并在日常生活和工作交际中习惯性地、正确地表现出来。

此外，对于那些通行的礼仪规则，礼仪教育者如果优先介绍我国传统文化中的观点，再适当辅之以西方的观点，会更吻合中国大学生的思维模式，使之更易接受。如在婚礼中新郎不能穿短袖衬衫，与其从西方文化的角度讲短袖衬衫并非正式服饰，不如从我国的传统民俗文化着手，给学生介绍：这种穿法，我国古人认为预示着婚姻到不了头。这样，熟知中国婚姻讲求"白头到老"的学生很快就可以理解这一礼仪规则。对于那些完全从西方引进的礼仪，也应从传统礼仪文化出发，来分析引入的原因。如对比中国的"跪拜礼""作揖礼"来看从西方传入的"握手礼"。

在进行礼仪教育时应着力于挖掘礼仪规则背后的儒家文化，倘若不能掌握礼仪规则所蕴含的道德观念、民俗文化等内容，礼仪教育就只能是空有"招式"，没有"心法"的"花拳绣腿"，得不到学生的真正认可，更不能使学生主动内化为自身的修养。这样实际上是进行了无效教育。

（四）现代礼仪教育要向古代礼仪教育取经

礼仪是道德的外化形式，是道德得以实施的可靠保证，礼仪教育与道德教育紧密相连，因而在现代中国教育体系中至为重要。

现代礼仪教育时常被认为是"低效教育"，不仅专门礼仪教育工作者花费了大量的时间和心血，而且其他学科的教育中常常也渗透着礼仪教育，但无礼的行为仍是高频率地出现。相对于付出而言，教育的效果却甚微。古代礼仪教育，虽然就教育内容而言，包含着许多不合理的、消极的因素，有着一些腐朽的、封建的东西，但是就其教育效果而言，大多却是实实在在的高效教育。单从那些古时曾在中国游历过的外国人的描述中,以及中国"礼仪之邦"美誉的获得中,我们就可见一斑。现如今,礼仪教育最突出的问题就是"知""行"分离,"说起来一套套,做起来全忘了"。在礼仪教育问题上,我们应该向古人取经。古人非常重视家庭礼仪教育的作用和社会礼仪环境的建设,以内在的道德修养为目标,以儒家文化的"礼"学为教育内容,通过各类庄严的仪式和礼仪的实践,使礼仪教育"知""行"合一。

1. 学习古代礼仪教育,建构家校结合的教育体系

礼仪教育不能单靠学校教育,还需要家庭和社会的协助。笔者曾经看过一篇文章说,一位学生家长愤而指责学校将其子女教得毫无修养,而此家长言行举止尽显粗俗。这样的家庭教育无疑会弱化学校教育的成果。中国古代礼仪教育非常强调家庭礼仪教育,他们认为礼仪教育应从胎儿期开始。西汉刘向在《烈女传》之"母仪传"中写道:"古者妇人妊子,寝不侧,坐不边,立不跸,不食邪味,割不正不食,席不正不坐,目不视邪色,耳不听淫声。夜则令瞽诵诗,道正事。如此,则生子形容端正,才德必过人矣。"古人认为胎教都应该重视礼仪教育,这究竟有多少科学道理姑且不论,但古人对礼仪教育的重视程度由此可见一斑。

新加坡和韩国对我国古代强调家庭礼仪教育这一观念的借鉴及其成果更能说明问题。新加坡和韩国都非常重视家庭礼仪教育,注重发挥家庭作为社会细胞的作用。制定详细的家庭守则,提倡以家庭为单位保持传统美德。与我国小部分家庭纵容下一代的失礼行为相反,他们对于下一代的行为严格约束,新加坡在家庭教育中时时强调要为他人着想,教育孩子在玩耍时不得大声喧哗,看电视时也要注意调小音量以免影响他人。家庭教育往往可以从极其频繁和微小的事情入手,使孩子得到较好的教育。另外,他们也很重视社会礼仪环境的优化,新加坡严禁一切色情暴力的书刊杂志出版发行和强调学生家长和教师的自我约束。韩国则时常在电视台播放以礼仪为主题的公益广告,并号召家庭成员共同收看。

2. 学习古代礼仪教育,立足儒家文化的教育内容

古代礼仪教育的内容和儒家文化息息相关。儒家文化正是"礼"的文化,儒家实际上也可以称为是"礼家"。儒家治国安邦的理念是"为政以礼",对人民"齐之以礼",是通过教育的方法把礼的规范转化为人的内在的自觉行为。我们不能被古代礼仪传统中的"腐朽之物"蒙蔽而放弃其精华。较之西方的礼仪而言,立足于儒家文化的古代礼仪的精华更能得到中国人心理上的认可,更有助于礼仪知识的推广和礼仪行为的形成。

3. 学习古代礼仪教育,注重中华传统仪式的辅助作用

中华传统仪式不仅具有中国味,也可以使礼仪教育的成果得以巩固。2006年3月,湖北第二师范学院大二女生杨静致信武汉市长李宪生,建议举办"楚服成人礼",得到李宪生市长的重视。杨静对"成人礼"从日期、服饰、程序等三个方面提出建议。这不仅反映了中华民族后人对于祖先创立的传统仪式的向往与肯定,也唤起了许多人对这些传统仪式的注意。成人仪式的缺失,虽不是中国现代年轻人缺乏责任感的主要原因,但至少使之缺少了一个受教育的机会。"啃老族"的大量出现,跟意大利的利玛窦来中国游历后向西方介绍的中国——"即使非常穷的人也要努力工作来供养父母直到送终"——有了很大的差别;跟孔子所要求的"今之孝者,是谓能养。至于犬马,皆能有养;不

敬,何以别乎"又有巨大的差距!所以杨静的信得到李宪生市长的重视,李宪生市长迅速将信转至团市委,该建议与团市委召集专家研究后得出的意见不谋而合。成人仪式的精髓在于使青年开始懂得"成人之义",所谓"弃尔幼志,顺尔成德",提示他今后将要担负起对师长、朋友乃至社会、国家与民族的责任,提示他已正式踏入社会,获得全新的人生角色。

二、专业礼仪教育

将礼仪教育纳入各相关专业的人才培养方案,在高校范围内广泛开设礼仪课并加强礼仪教学是很有必要的。通过礼仪类专业课程、职业道德修养课与礼仪技能竞赛等,第一、二课堂双管齐下,联系学生所学专业,侧重于礼仪在该专业相关岗位中的运用。

在此阶段,一是要研究如何立足课堂,通过礼仪教学有效提高大学生的礼仪修养;二是要肃清当前高校公关礼仪教学中几个常见的问题,并在此基础上探讨高校礼仪教学方法的改革,尤其是新时期高校公关礼仪课程教学改革的策略;三是探究某一特定专业的礼仪教育教学,如以营销专业为例,探讨营销礼仪的重要意义与发展趋势。

(一) 如何通过礼仪教学有效提高大学生的礼仪修养

1. 加强礼仪教学的必要性

礼仪,是公民道德素质教育的重要内容,是创建和谐社会的必要保证;是中华民族美德宝库的明珠,是中国文化的重要组成部分。在高校范围内广泛开设礼仪课、加强礼仪教学是非常必要的。

（1）国家的教育方针和远大目标的实现需要我们加强礼仪教学

《公民道德建设实施纲要》中指出，要在全社会大力倡导"爱国守法、明礼诚信、团结友善、勤俭自强、敬业奉献"的基本道德规范，开展必要的礼仪、礼节、礼貌活动，规范人们的言行举止。2007年胡锦涛总书记在十七大报告中对教育给予了高度的重视，认为"教育是民族振兴的基石"，又进一步强调了"德育为先"，树立了"培养德智体美劳全面发展的社会主义建设者和接班人，办好人民满意的教育"等远大目标。这就要求我们要重视礼仪教育，加强礼仪教学。礼仪教育对培养文明有礼、道德高尚的高素质人才有着十分重要的意义。

（2）悠久的历史传统和文化传承需要我们加强礼仪教学

中国是一个文明古国，礼仪之邦。在古代，我们的祖先特别重视"规矩"，"无规矩不成方圆"，孔子的"为国之礼""不学礼，无以立"，荀子的"人无礼则不生，事无礼则无成，国无礼则不宁"，都充分说明了"礼"的重要性。中国历来就是"礼仪之邦"，文明礼仪是中华民族的传统美德。中国的古代文化是以儒家文化为重心，而儒家文化则是以"礼"为中心。我们想要传承我国悠久的历史传统和丰富的文化，就不能忽视在其中占有重要地位的礼仪教育。

（3）学生的礼仪现状和文明水平需要我们加强礼仪教学

身处"礼仪之邦"，应为"礼仪之民"。知书达理，待人以礼，应当是当代大学生的基本素养。然而如今，在大学校园里却时常可以看到许多不知礼、不守礼的行为。这些大学生缺少应有礼仪修养、与精神文明建设极不和谐的现象都说明了当代大学生的礼仪素养的总体水平存在很大的问题，这些问题亟须解决。因而我们要加强礼仪教学。

（4）加强礼仪教学是有效解决礼仪问题的方法之一

当代大学生礼仪缺失的主要原因在于社会因素的影响和家庭教

育的欠缺。虽然社会和家庭的影响是大学生礼仪现状形成的主要因素,但却不是决定性因素。礼仪行为的决定因素在于行为的主体——大学生。诚然他们在成长经历中形成的习惯不太容易改变,但也并非无法改变。我国大学生绝大多数年龄处于18~22岁之间,正处于青年期。他们的心理特点不同于少年,他们已经逐渐成熟,形成了较强的自我意识和对美好事物追求的意识,不再是盲目地接受身边人意见的时期。因而可以通过有效的礼仪教学,使他们认识到礼貌行为、得体举止、合适的仪表、得当谈吐的益处,从而改善他们的礼仪素养,还可以反作用于家庭和社会,促进社会和家庭礼仪氛围的改善。因而通过加强礼仪教学来提高大学生的礼仪修养是非常有必要的。

2. 当前礼仪教学的现状

(1) 国外礼仪教学的情况

有关资料显示,国内外教育界对学生进行礼仪教育的重要性已经普遍达成共识,各国对下一代都以不同的方式进行礼仪教育,如日本的"道德时间课"、美国的"公民教育"、新加坡原总理李光耀提出要把国家建设成为一个"富而有礼"的国家、韩国道德课的第一条目标就是使受教育者理解日常生活所必要的礼节和道德规范的意义与重要性。韩国礼仪教育的形式多种多样,但大多以儒学文化为基础,如"孝道"教育、学习谦让、注重传统节日等。韩国的学校都有专门的礼仪室并都开设了礼仪课。

(2) 国内礼仪教学的情况

近年来,由于国家教育方针的转变,中小学也越来越重视对学生的礼仪教育,很多幼儿园、中小学也开始开设专门的礼仪类课程或者将礼仪教育融入到其他学科教育之中。学校礼仪教育是一项系统工程,理应从娃娃抓起,并贯穿从幼儿园、小学、中学直到大学的学校教育全过程。

但是,还存在两点问题:一是目前大学生的礼仪问题成为历史遗留问题,有待解决。二是在今后的礼仪教育中,要对"各个阶段礼仪教育的内容进行全面规划和统筹安排,形成一个完整的礼仪教育的系列。否则,就难免出现相互脱节、各自为政因而导致教育内容交叉、重复或缺失、疏漏等情况"。

(3) 国内高校礼仪教学现状

受国家教育方针和大学生就业形势等因素的影响,国内高校也开始逐渐重视礼仪教育。可是仍然有几种错误思想存在于其中。第一,高校认为基本礼仪教育是中小学的事,不应该在大学解决,因而忽视了个人基本礼仪教育。第二,重"知"轻"行"。"在具体的德育实施过程中,往往是在概括性的道德发展境界方面要求多,而行为养成强调得少;空泛的大道理讲得多,而操作的技能、技巧讲得少;道德的知识传授多,而扎扎实实的行为训练得少。"这与"大学中的素质教育过大、过空,质量欠佳不无关系,造成学生难以入耳、入心、入脑"。因此造成多数学生社会道德规范知识较多,但不知道应该如何把社会普遍提倡的道德规范具体地转化为个人的道德行为,缺乏良好的行为和自觉的道德约束能力,造成基础文明方面的问题十分突出。第三,部分教师自身礼仪素养不高,使学生对礼仪知识产生错误理解。有些教师只教书,不育人,缺乏责任心,导致师生间的感情疏远,学生内心不尊重教师,直接表现为对待教师时礼仪方面的缺失。

3. 如何组织礼仪教学

笔者在高校承担礼仪教学工作多年,通过观察、问卷调查、座谈会等形式了解到当代大学生的礼仪现状、形成原因,并在此基础上探索礼仪教学,坚持对学生进行礼仪教育,在礼仪教学中不断强化对学生言行方面礼仪习惯的培养和训练,使他们逐渐养成良好的礼仪习惯,开始懂得尊重别人,懂得谦恭礼让,懂得使自己的人际关系融洽和谐,并且以自己的良好礼仪修养去感染同学、家长乃至社会。要改善大学生的礼仪现状,切实有效地提高大学生的礼仪修养,关键是探索出行之有效的礼仪教育模式,总结出提高礼仪教学质量的策略。

要提高礼仪教学质量,组织好礼仪教学活动,就要在教学内容和教学方法两方面下功夫。

(1) 明确教学任务,精选教学内容

礼仪是一门实践性、操作性、实用性很强的学科,教师在教学过程中要针对学生的基本状况,以培养学生的能力、提高学生的综合素质为主。在明确这一教学任务后,方可以此确定合适的教学内容。高校礼仪课程的教学内容应以现代礼仪为主,在讲清楚礼仪的本质和内涵的基础上,将各种礼仪规则进行科学的整合,精选出最普遍、最适用的礼仪规范和习俗来对学生进行教学。由于过去社会和家庭教育因素的制约,当代大学生缺乏一些基本的礼仪修养,所以礼仪教学首要的任务是提升大学生的基本个人生活礼仪素养,让大学生清楚地认识到礼仪的本质与核心内容,即对他人的尊重。当然,由于大学生的心智已经基本成熟,出于对美好事物的追求,这一教学任务的完成并不困难。但是大学生的礼仪修养不能仅局限于不随地吐痰、不说脏话等,更重要的是让他们掌握社交、商务礼仪的适用规则,协助他们顺利地踏入社会。因此,人际交往礼仪和公关商务礼仪规则的教学不能忽视。

在教学内容方面,还要重视"反对繁文缛节,把礼仪搞得高深莫测,否则曲高和寡,会使礼仪脱离现实社会","礼繁则难行,卒成废阁之书"。

(2) 探索教学方法,提高教学质量

礼仪教学属于德育教学中的一种,但是又不同于一般的德育教学,它具有自己的独特性。这就要求从事礼仪教学的教师去极力探索适合这一学科的教学方法,下面笔者联系"握手礼"这一内容谈谈几种礼仪教学的方法。

① 传统现代相结合,中西对照开眼界

在礼仪教学中可将传统礼仪与现代礼仪相结合,吸取传统礼仪中一些好的观点、礼节,坚持以中华传统礼仪为基础,以现代礼仪为主导。现代礼仪是在中华传统礼仪的基础上发展而来的,这一发展的过程,并非像有的人所理解的逐渐"西化"的过程,而是一个"扬弃"的过程。学生倘若理解了为什么有些礼节已逐渐消失,也就自然明白礼仪的宗旨和时代对礼仪的要求。如要学生理解"握手礼"所代表的文明,就得让他们知道和封建等级社会密切相关的"跪拜礼"的取消是中国走向文明的一大进步。此外,我们还可以将中国的现代礼仪和西方礼仪相对照、相比较,让学生在纷繁复杂的礼仪知识体系中有更多的收获。"握手礼""脱帽礼""吻手礼"等等同样是西方的礼节,为什么只有"握手礼"在中国盛行,而其他礼节却没有什么"市场"呢?解决这样的问题可以使学生的视野更开阔,对于中西文化的差异也能有更好的理解。这样的教学既能让大学生明白各种礼仪规则,又能使他们了解各种礼仪规则的本质,并能在各种场合运用自如。

② 精选案例助教学,启发学生勤思考

案例教学是指在一定的理论指导下,以现实生活中的典型案例作为教学内容,综合运用多种方法,把真实的典型的问题展现在学生面前,让学生设身处地去思考、分析问题,以培养和提高学生的创造能力和发现、分析、解决问题的能力的一种教学方法。案例教学缩短了教学与实际生活的距离,可以加强对知识的理解和具体运用,将学生由被动的接受者转为主动的探索者。

礼仪教育具有较强的综合性和实践性,因此有必要将学生置于相关环境中,但由于时间、教学条件等的局限又无法使学生真实参与,而案例教学可以在一定程度上解决这一问题。案例教学注重创设教学情境,由教师将实际生活中的事例、问题,通过各种教学手段展示给学生。这样既能有效地提高学生的学习兴趣,又能增加学生对礼仪课的感受和体验。如在讲授"握手礼"这一节课的内容时,教师可以根据教学的需要选择前后相关的一系列案例,逐步提出需要学生掌握的知识点。先举一个关于名人握手的案例:1972 年 2 月 21 日,尼克松总统乘坐的"空军一号"专机飞抵北京,周恩来总理为尼克松在首都机场南机坪举行了欢迎仪式。在场的人还记得,当飞机舱门打开后,尼克松和夫人先行走下舷梯,在离地面还有三四级台阶时,尼克松就身体前倾,向周总理伸出手说:"我非常高兴来到中华人民共和国的首都——北京"。周总理一语双关地回答说:"你的手伸过了世界上最辽阔的海洋——我们 25 年没有交往了!"在案例展示后,结合案例提出 2 个问题要求学生思考、讨论、分析:

问题 1 在主方迎客时应该哪一方先伸手?为什么?

问题 2 尼克松作为客方却主动伸手是为什么?

问题 1 对于有一定礼仪基础知识的同学来说并不困难,他们很快就可以得出结论:应该由主方先伸手,表达对客人的热烈欢迎。而问题 2 可能会使许多同学百思不得其解,因而激起他们的好奇和兴趣。随后教师可以介绍说,尼克松单独下机和周恩来的握手场面,是尼克松刻意安排的,意味深长:既是向世界宣示了对抗了20余年的中美两国改善和发展相互关系的决心,也是为了纠正1954年在日内瓦和谈会议上美国国务卿杜勒斯拒绝与周恩来握手的错误。在一个案例中又引出另一个案例,并以此指出对"握手"处理不当引起的恶果。

在案例教学中,教师只需运用简洁的语言引导学生将案例的个别事件上升到普遍意义,让学生在围绕问题去思考、分析的过程中,培养和提高自己的创造能力和发现、分析、解决问题的能力。

要想精选出好的案例,就需要教师平时多花心思、功夫。除了要阅览群书,搜集一些名人在礼仪方面的得体和不得体的事例之外,教师还应该亲自参加调查研究,取得第一手资料,认真选材修改,使案例更集中、更典型,更有说服力。

(3) 巧创情景提问题,角色扮演体会多

礼仪教育不是单纯的知识教育,在教学过程中要充分体现礼仪教学的实践性、可操作性、实用性这些特点。体现在教学上,就是要强化实践教学,在师生的互动中,创造积极的课堂环境,激发学生的学习热情,充分发挥学生的主动性。"对于具体的礼仪规范,了解它是一回事,而进行实际操作又是一回事。如果把礼仪规范只是当作一般知识来传授,'光说不练'是行不通的;只有经过实际训练,礼仪教学才能收到较好的成效。同时,礼仪教育具有知行统一的要求,学习礼仪,知道了礼仪的规范和要求,就应该付诸行动,按礼仪的规范、要求去做。如果学习了礼仪之后,掌握了有关礼仪知识,并且也会实际操作,但就是不愿身体力行,学的是一套,而实际做的则是另一套,这样的礼仪教育肯定是不成功的。"

要想学生能够知行统一,就必须加强实践教学。可是由于多方面因素的制约,经常带领学生到各种场合去练习又不太可能,这就需要教师巧妙运用多种教学手段，灵活创设各种教学情境，让学生虽然身处教室，但却犹如处于各种交际场景，可以饰演不同的交际角色。在这样的交际场景和角色体验中，学生既能巩固所学到的礼仪规则，又能自如地将这些规则运用于各种场合。如在讲授握手礼仪的基本规则和动作要领之后，教师设置出三种不同的握手情境：

情景1 某年轻男士和某年轻女士在社交场合初次见面

情景2 多年未见的好友机场重逢

情景3 长辈和晚辈见面

教师在教学活动中，可以通过多媒体展示三种不同场景的图片，分别是社交场合、机场、家庭，使学生能更快地进入角色，去体会不同情境下不同角色的心态，在有了对角色的体会后才能更清楚地知道规则、使用规则。这些情境的区别、角色的区别都导致了握手方式有所区别，如果学生没有参与进来扮演角色，可能就没有那么深的体会。因此教师在礼仪教学过程中，应该多花心思、巧设情境，让学生将各种规则与实际情境联系起来，从而更好地做到知行合一。

（二）高校公关礼仪教学中几种常见困惑及其原因探析

公关礼仪是一门致力于提升大学生礼仪素养和礼仪技巧的课程，其主要作用在于指导学生内强素质、外塑形象。对于高年级大学生来说，本门课程具有较强的实用性和针对性，对其求职及以后进入职场具有一定的指导性意义。

1. 问题的提出

公关礼仪课程的教学内容紧扣个人生活的方方面面，故此，学生学习的主动性和积极性较为突出。他们不满足于课堂中以理论知识为主的学习活动，还会把视野更多地延伸到生活实践之中。这样一来，礼仪教学过程中，一些问题就时常会被学生提出，然而，现有的教材或其他辅助性资料并未给出令人满意的答案。这些问题主要有以下几个：

（1）握手时究竟该谁先伸手

当前的礼仪教材中，对于两人握手时谁先伸手这一问题的阐述，基本上"尊者先伸手"，因为尊者有优先选择是否握手的权利。具体而言，女士先伸手，长辈先伸手，上级先伸手。需特别强调的是，在拜访中，进门时由主人先伸手，然而告辞时应由客人先伸手。

在学习这一握手顺序后的实践过程中，学生会产生两点疑惑：①如果在应该握手的时机和场合下，两位年龄相当、性别一致的好友该谁先伸手？②为何生活中会出现大量的下级主动与上级握手的现象？

（2）与尊者一起乘坐电梯时究竟该先上还是后上

公关礼仪课程中强调，与尊者一起乘坐电梯时，倘若是有人服务的电梯，位卑者应该是后进后出，站在左边；倘若是无人服务的电梯，位卑者应该是先进后出，站在右边。

然而生活中，即使是在很讲究礼仪的场合里，常见的做法却是在无人服务的电梯中也由尊者先进先出。

（3）公务活动中轿车的座次究竟是以副驾驶座为上座还是下座

礼仪规则中明确指出：社交场合中，车主人开车，副驾驶座为上座。而公务活动中，专职司机开车，副驾驶座为随员座，上座应该是后排右座。

然而在实际生活里，我们时常看见一些领导坐在副驾驶座上，甚至会发现同一位领导与下属同行时，时而坐副驾驶座，时而坐后排右座。这又该如何理解？

这些问题虽小,仅如同整个礼仪体系大厦的一砖一瓦,可是若未能妥善解答,亦会让学生产生礼仪是远离生活的"阳春白雪",继而对整个礼仪体系均产生"敬而远之"之感,从而影响礼仪教学的实效性。既然是极为普遍的行为,如果仅仅解释为个别人的习惯,或者说是因不懂礼仪而产生的,恐怕都比较牵强,缺少公信力。要令学生对这些问题有清楚的认识及获得满意的答复,要从其产生的缘由开始剖析。

2. 从礼俗交融出发加以释疑

民俗,即民间风俗,指一个国家或民族中广大民众所创造、享用和传承的生活文化。它起源于人类社会群体生活的需要,在特定的民族、时代和地域中不断形成、扩大和演变,为民众的日常生活服务。而礼仪则是在人际交往中,以一定的、约定俗成的程序和方式来表现的律己敬人的过程。

就我国整个礼仪体系的演变而言,从原始社会的礼仪萌芽发展到封建社会各种繁文缛节的兴盛,直至现当代礼仪的破旧立新、移风易俗,礼仪经历了一个由简到繁,又由繁到简的过程。礼仪体系兼备相对稳定性和客观渐变性。在礼仪体系发展的整个过程中,礼仪并非骤然突变的,绝大多数是受到民俗的影响而产生的,俗化为礼、礼俗交融。也不乏人为制礼的因素充斥其中,但多数所制之礼,在于对民俗的提炼。

故此,礼与俗的关系,一方面就总体而论,是俗早于礼,礼源于俗。人们在生活文化中渐渐产生一些约定俗成的习惯,这些习惯还只属于民俗范畴,一旦这些习惯口耳相传,在相当大程度上便成为人与人交际的规范,甚至以文字的形式被记录并同时被人们自觉地遵守时,即上升为礼仪的范畴。另一方面,在特定区域里,也存在礼先于俗,或异于俗的现象。随着社会的发展,国际社会交往日益频繁,新生事物层出不穷,如"西装""西餐"等相关礼仪规范,在我国的应用就没有经历民俗的酝酿阶段而直接加以推行推广。

(1) 因民俗文化优劣而形成的礼俗交融

1912年,由孙中山先生宣布取消传统的跪拜礼,改为象征着平等和文明的握手礼,至今已逾百年。百多年之后,来自于异国他邦的见面礼节——握手礼在我国已被广泛使用。然而,在其逐渐被接受的过程中,不仅有着礼对俗的规范,也存有俗对礼的制约。在这种礼俗交融的过程中,倘若民俗文化较为落后,则较易被礼仪所规范。而倘若民俗文化较受推崇,则会在一定程度上影响礼仪的推广和应用。握手因其具有简便性、平等性而最终取代了跪拜等较烦琐、不平等的传统礼节,但是在握手中所包含的一些因素则未被国人所接受。

总体而言,握手礼仪中的尊者先伸手——尊者有选择是否愿意握手的优先权,这一规则,与我国谦虚的传统美德相冲突。故此,人们在实施时,除了在女士优先这一现代理念指导下,男士与女士握手时,由女士先伸手无甚阻碍外,其余的若恪守礼仪规则则颇为尴尬,大有争充尊者之嫌。

故此,在实际生活中,广大民众自觉对礼仪规范作出了一定的民俗制约,一般情况下,当年龄相当、性别一致的朋友相见时,谁先伸手谁更显热情,也就更加礼貌。而若与长辈、领导相见,年轻人想要主动伸手去与其握手也并无不可,不过需要注意几个要点:一是远远迎上前去。一则可以避免尊者久候,另外也可充分表现自己的敬意。二是身体微躬。毕竟主动抢先伸手不符合礼仪规则,但如果将渗透着民俗文化心理的鞠躬镶嵌其中,则可在很大程度上弥补这一不足。三是最好双手去握。"汉堡包"式的握手方式一般能彰显将自身位置摆低的谦虚风范。这样一来,在民俗文化心理改造下的礼仪规范,因其礼俗交融,各取精化,在我国也颇受青睐,得到人们的普遍认可。

(2) 因时代不断发展而形成的礼俗交融

随着电梯的使用而传入我国的电梯礼仪强调的是一种为尊者、为他人服务的意识。倘若有专门的电梯员服务,则让尊者先进先出,并请其站在右边,这一礼仪规则比较符合我国国人的传统思维习惯,礼让尊者,尊者为先。若是并无专门电梯员,则需要位卑者率先进入电梯,方便按开关门按钮,以便尊者进入电梯时免除被电梯门夹到的尴尬和危险,也不需要为赶电梯而过于匆忙。这样虽能更体贴地为尊者、长者服务,但是毕竟与我国传统文化中的"尊者居先"有所相悖。尤其是在一位对电梯使用礼仪不甚了解的长者面前,甚至还有可能引起对方一定程度的反感。所以在实施与推行的过程中有一定的阻碍。

随着时代不断发展,电梯的使用范围日益扩大,大多数人对电梯的使用与电梯礼仪日益娴熟。但对于引入的电梯礼仪国人并未不假思索地全盘接受,而是开始对电梯使用礼仪进行了礼俗交融的探索与改革。在"请尊者先入其中"与"更好地为尊者服务"这两个交际目的中,大家找到了一个很好的融合点:走至电梯口处,伸出右手半挡住电梯门,上身微倾,向尊者表示致意。这样既能巧妙地控制电梯门,又能保证传统礼仪中礼让尊者的规则得到遵守,且大方得体,敬意尽显。

(3) 因个体心理因素而形成的礼俗交融

车主人开车,副驾驶座为上座,以示与主人亲近,尊重主人。但在公务交往中,究竟是以副驾驶座为上座,还是以后排右座为上座则是很多人的困惑。一方面,确实存在部分人不了解乘车中的上座礼仪,但另一方面,在已经了解乘车礼仪之后,仍然会有一些人选择以副驾驶座为上座。当然,这些人一般是乘车同行人里面的尊者。这样选择的原因一定程度上可能因为习惯了而不愿去改变,或者是喜好副驾驶座更为宽敞,视野更好等缘故。

而至于同一位领导与下属同行时,时而坐副驾驶座,时而坐后排右座,则明显与个人心理有关。当同行人数仅一人时,稍懂礼仪的下属自然自觉入座副驾驶座,领导因而独自坐在后排,以后排右座为尊位。而当同行人数在两人以上时,部分领导可能会受到中华传统文化心理影响,并不愿坐后排右座与下属平起平坐,而情愿选择副驾驶座为尊位。

无论是习惯也好,是喜好也罢,又或者仅仅处于个人排斥与人平起平坐的心理也好,这些微妙的个体心理因素还是较普遍地存在的,因此一定程度上促进了现代乘车礼仪与传统民俗文化的交融。

3. 关于这些困惑的建议

公关礼仪课程之所以广受大学生欢迎,除了其有利于提升当代大学生的个人内在修养和外部形象之外,也因其有助于大学生人际关系的和谐以及在职场上获取更大的成功。而后者更加强调公关礼仪的时代性和实用性。因此,对于以上这些大学生常有的困惑,公关礼仪的教学工作者在教学环节应该及时有效地加以释疑,以进一步加强大学生对公关礼仪的重视程度。

此外,礼仪体系是一个开放的知识体系,随着社会的发展,它也在不断变化更新。当某一个体行为凭其合理性和合礼性而被群体推崇且加以效仿,且范围不断扩大时,事实上,它已经具有了成为较为通行的礼仪规则的可能性。因此,公关礼仪的教学工作者在编撰教材时不妨将其纳入其中,并作为礼仪规则来加以推广。这样不仅可以减少学生的困惑和疑虑,也能进一步推动并促进我国现当代礼仪的发展。

(三)浅析高校礼仪教学方法改革

为适应社会主义市场经济对人才的需求,培养高素质的应用型人才,增强大学生社会交际、为人处世的能力,近年来,许多高校都开设了公关礼仪课程。立足于中国古代的传统礼仪的同时,又借鉴西方礼仪而形成的"公关礼仪"尚处于探索阶段。因此,在礼仪教学中存在一些问题,如:教学师资不够专业、学生观念上的误解、教学内容选择有偏差、教学方法不能满足学科要求等等。本书主要针对礼仪课程教学方法探讨了一些改革的思路。

1. 高校公关礼仪课程教学现存问题

公关礼仪课程的教学经过一些年的改革和发展,已经有了一些成果,但是仍然存有一些问题。就教学内容和教学目的来看,公关礼仪课程不仅要注重理论知识的灌输,还要重视良好礼仪行为的培养。要使学生知其然,亦知其所以然,更重要的是要能运用自如。要取得这样的教学效果,就必须在礼仪教学中坚持"讲练结合"。笔者通过在华中师范大学、武汉生物工程学院、武汉职业技术学院、武汉科技职业学院等武汉市部分开设公关礼仪课程或同类课程的高校进行调研后得知,虽然公关礼仪课程教学现状和教学效果都有了较大改善,许多礼仪教育者在教学过程中注重理论与实践相结合,但是仍存有以下两种不当倾向。

(1) 重讲轻练,缺乏实践训练

部分教师重讲轻练,多侧重于讲授理论知识,较少开展实践训练。公关礼仪课程是一门理论性说教较多的课程,其中有许多规范学生言行和道德的内容。如果不注意授课的方法，仅是干巴巴地讲述理论，就很难调动学生的积极性，而且还容易使学生产生反感情绪，以至于认为礼仪是一些束缚人的条条框框。另外，即使通过理论讲解，使学生对于礼仪规则有所了解，但如若不加以相应的实践训练，学生对于规则的了解也不会透彻，更不可能将其运用自如。

（2）重练轻讲，缺乏理论深度

另有一部分教师受到社会上礼仪培训的影响，重练轻讲，多侧重实践演练，但缺乏理论深度。

公关礼仪课程的教学确实需要强调实践环节。但是倘若只注重实践演练，不去挖掘礼仪规则背后的理论基础和道德底蕴，就会使礼仪教学起不到应有的效果。如果不重视内在修养和理论探讨，礼仪就会像只有招式没有内功的"花拳绣腿"。这样的礼仪教育不仅"治标不治本"，且违背了礼仪追求真善美的本质。学生在只知其然，却不知其所以然的情况下学习，最终教学效果将不言而喻。

2. 高校礼仪教学方法改革的必要性

无论是从教学对象、教学目的，还是从教学内容上来看，高校礼仪课程教学的改革都非常有必要。

（1）教学对象

目前公关礼仪课程的教学对象主要是"00后"的大学生。由于各方面的原因，这一时期的大学生从小缺乏相应的礼仪教育和道德教育基础。他们中的一部分人追求个性的解放，提倡新潮美、叛逆美、粗俗美等错误思想。单纯的课堂教学模式不仅容易使课堂气氛沉闷，学生产生疲劳，还容易使学生产生叛逆心理，教师与学生难以互动，无法进行有效交流。因此，要进行教学方法改革。

(2) 教学目的

公关礼仪课程的教学目的是要学生通过学习,能全面、系统地掌握公关礼仪的基本理论、基本知识与方法技能,培养和提高学生的道德感、责任心和规则意识,提升学生的综合素质和礼仪理论水平,使学生所掌握的知识具有实用性、时效性和可操作性,全面提高大学生多方面的素质,增强大学生的各种能力,如思想素质、道德素质、心理素质、文化素质、交际能力、沟通能力等。这就必须有相应的教法作为保证。

(3) 教学内容

公关礼仪课程的教学内容包括个人基本礼仪和社会交往礼仪,其中有许多规范学生言行和道德的内容。这些内容从表层来看是一些具体的行为准则,需要大学生记住并运用。从深层来看,是一种良好的道德规范,大学生需要理解并认可它。要想把这些从道德规范出发的行为准则讲好、讲透,就必须进行教学方法的改革。

3. 高校礼仪教学方法改革的思路

笔者在高校承担礼仪教学工作多年,通过观察、问卷调查、座谈会等形式了解到当代大学生的礼仪现状、形成原因,并在此基础上探索礼仪教学改革,以提高礼仪教学水平,改善礼仪教学效果。在礼仪教学教法改革方面,主要有五点建议,以保证礼仪教学的"讲""练"结合。

(1) 开展"主题活动式教学",理论用于实践

"主题活动式教学"是我国基础教育新课改中激发学生的兴趣,充分调动学生积极性、参与性,进行合作学习,发展学生个性特征的一种特殊的教学形式,较多地使用在信息技术教育上。事实上,这种教学方法也比较适合公关礼仪课程的特点，可以在礼仪教学过程中适当地运用。

关于"主题活动式教学"的涵义可以这样理解：所谓"活动"，这里是指课程意义上的概念，包括学生的思维活动、言语活动以及社会性的形体活动；"主题"则是指每一次活动都有一个教育、教学目标，指向一个中心内容。简单地说，"主题活动式教学"就是指围绕一定的教学主题，以学生活动为主来设计和开展教学。

这种教学方法可以让学生通过活动来获取直接经验和最新信息，同时也验证和应用学生所掌握的礼仪知识和技能，可以内化为礼仪素养。其出发点是学生的主体性，以其主动性和积极性为动力。在课时允许的情况下，一学期进行两到三次较大型的主题活动，不仅可以让学生将所学到的理论知识综合运用到实践中，还可以锻炼学生的沟通交际、分析表达、团队合作等多方面的能力。如在讲授公共礼仪课时，将主动权交给学生，以"向不文明行为告别"为主题，将学生分组，要求组长带领组员在学校内外收集一些真实的、发人深省的不文明行为材料。在展示材料的基础上发表自己的观点并进行演说，以引起同学的共鸣。再在此基础上要求学生按照前面所学的会议礼仪知识自行组织"向不文明行为告别"的宣誓会或者签字仪式。这样不仅可以将前面所学知识通过实践而落实，又可以深化这一章节的主题。让学生自己去感受，并且表达自己的感受，其实际效果远胜于教师的说教。另外，教师也可以预先安排活动程序，保证主题教学的顺利进行。如在讲到宴请礼仪时，组织学生开展"我和筷子有个约会"的主题活动。教师提前将活动主题布置下去，明确需要准备探究的方向和内容，要求学生围绕使用筷子的方法、禁忌、礼俗文化等方面准备演说。并且组织好活动现场，选出公正的评委，给予合理的评价。在整个活动开展的过程中,为了保证自己这组的演说最有说服力,学生都会自发地去挖掘礼仪行为准则背后的道德底蕴,从而使理论修养上升到一定的高度。

在开展主题活动教学的过程中,教师要注意几点:①联系章节内容和大学生所关注的热点、焦点问题精选主题;②结合学生意愿成立学习小组,挑出合适的人选担任组长;③明确需要探究的任务,提示学生研究准备的方向;④组织主题活动现场,进行合理评价;⑤针对学生活动的成果,提出更深层次的问题,扩展研究范围。只有把握好以上几个要点,才能真正保证主题活动式教学的顺利进行。

(2) 加强讨论式教学环节,让学生自主辨明是非

讨论式教学体现了一系列符合现代教学趋势的特点。在教学目标上,讨论式教学有利于实现目标的个性化和层次性;在教学内容上,讨论式教学突出了教与学的开放性;在学习方法上,讨论式教学以生生间或师生间的讨论为中心,融启发式、活动式、研究式学习为一体,个人学习、小组学习以及班级学习相互补充,参与学习(个体)与合作学习(集体)相互结合,为学生适应未来创造了条件;在能力层面上,讨论式教学使学生能力的渗透呈多元性;在操作上,讨论式教学使教与学的过程更具灵活性。而公关礼仪的教学目的就是培养大学生多方面的素质和能力,因此,讨论式教学方法能够适应公关礼仪课程的特点。

公关礼仪课程中有些关于仪表仪态、言行举止的规范要求,容易被学生误解为束缚个性的条条框框。针对这样的问题,与其教师"一言堂",费力地分析学生观念的是非曲直,不如开展讨论式教学,让学生参与讨论,各抒己见,自主辨明是非。如在讲述仪表仪态礼仪时,部分学生对于教师所提倡的朴素美、优雅美等观点持有否定态度,认为浓妆艳抹、衣着时髦才是真正符合人性的美。此时,教师不妨进行适当的图片和视频展示,给学生归纳出各种类型的美,并在此基础上展开讨论,使学生对美的了解更深入、更全面。这样既不是死板、枯燥的说教,又可以充分拓展理论深度。另外还可以以"正说反说"的形式,要求学生不仅站在自己的立场上论述,还要尝试站在对方的立场上思考,使学生对问题了解得更深入、透彻,更成熟、全面。这样,教师只需要在适当的时候给予高层面的、精炼概括的评价就可以达到较好的教学效果。

(3) 运用多媒体教学手段,有效提高学生的学习兴趣

运用多媒体教学手段,教师能真正摆脱照本宣科的传统模式,选择最佳的教学方案,精心设计多媒体画面,巧妙安排展示时间,并通过造情设境、设置悬念等手法,艺术性地将所要讲述的内容形象具体、生动活泼地展现出来,使所展示的内容能够产生较强的艺术感染力,突破教学的时空局限,以开阔学生的视野,使学生能置身于情景交融的课堂教学氛围之中,从而激发学生丰富的想象力和创新思维,调动学生的学习积极性及对教学内容的浓厚兴趣。

在公关礼仪课程教学中实践教学非常重要。可是由于多方面因素的制约,不可能频繁带领学生到各种交际场合去实践。对此教师可以巧妙运用多媒体教学手段,灵活创设各种情境,让学生虽然身处教室,但却犹如处于各种交际场景中,可以饰演不同的交际角色。在这样的交际场景和角色体验中,学生既能巩固所学到的礼仪规则,又能自如地将这些规则运用于各种场合。这样运用多媒体手段,既可以活跃课堂气氛,又可以提高学生的学习兴趣。在公关礼仪的教学实践中,多数学生在教室里面对教师和同学都有些放不开,且由于环境和氛围的缺失而感到拘谨。但是倘若配合适宜的多媒体展示,不仅可以制造、烘托氛围,还可以在一定程度上减弱学生的紧张感,使之更自如地进行演练。

多媒体教学手段不仅可运用在演练的环节中以激发学生的兴趣,还可以通过播放学生感兴趣的、与课程教学内容相关的影像资料,让学生全方位、多层次地体会到礼仪的魅力。如在讲授西餐礼仪时,由于大部分学生以前较少有机会接触或运用相关知识,对于课程教学中涉及的一些餐具也比较陌生。仅是通过教师的讲解,学生很难得到较深的体会,如果配上教师收集的西餐礼仪图片或视频展示,则可以让学生了解得更透彻。

在运用多媒体手段时要注意适度。一些教师在制作礼仪课程的课件时,一味追求视觉效果,盲目地在幻灯片中加入许多与课程无关的图片、动画、音乐,试图增强多媒体课件的趣味性,提高学生的注意力。殊不知这种做法的负面效应很大,非但无法凸显教学内容,反而分散了学生的注意力,降低了教学效果。很多学生在课后反映,回忆起教学内容,脑子里除了多彩的图片、搞笑的动画、优美的音乐外,实实在在的授课内容几乎没有在大脑中留下痕迹。

(4) 预先巧设情境,学生自演案例

案例教学是以现实生活中的典型案例作为教学内容,综合运用多种方法,把真实典型的问题展现在学生面前,让学生设身处地去思考、分析问题,以培养和提高学生创造能力和发现、分析、解决问题能力的一种教学方法。

在公关礼仪课程的教学中,运用案例教学法可以真实有效地凸显理论知识。而如果根据教学案例,由学生自导自演,教学效果将会更佳。教师可以根据已讲或将讲的教学内容和理论知识,预先巧设情境,要求学生分组并以日常生活为蓝本,积极、主动、有序地进行角色扮演和情景模拟,将抽象的理论知识化为直观形象的体验。这样既充分调动了学生的创造性和积极性,又活跃了课堂气氛,从而使教学更生动直观,让学生在轻松愉快的氛围中掌握礼仪知识,取得预期效果。如在讲解社交礼节后,要求学生分组自编自演案例,并要求从正、反两方面来反映知晓社交礼节的重要性。学生通过组织自演案例,不仅有了更切身的感受,还能通过观看其他组同学的表演得到更全面的体会。心理学、传播学和系统论的研究结果显示:学习过程中,同时使用听觉和视觉学习能明显提高学习效率和记忆力。

(5) 教师多做示范,精心编写口诀

礼仪教育不是单纯的知识教育,在教学过程中要充分体现礼仪教学的实践性、可操作性、实用性这些特点。体现在教学上,就是要强化实践教学。对于具体的礼仪规范,了解它是一回事,而进行实际操作又是一回事。如果只是把礼仪规范当作一般知识来传授,"光说不练"是行不通的;只有经过实际训练,礼仪教学才能收到好的成效。在训练的过程中,教师要多做示范,给学生传授正确的举止规范。

由于公关礼仪课程教学内容非常贴近生活,所以其中涉及的一些知识是学生在生活中有所接触的,但是了解得又不够透彻。再者,礼仪规则细致而繁多,有些又极为相似,容易混淆。因此,教师在教学过程中,如果能够把各章节的重点礼仪规则编成朗朗上口、简单易记的口诀,则有助于学生对知识的辨析与掌握。在传授口诀的同时,作为教师,还要注重"亲力亲为",现场示范,将"讲"与"练"巧妙结合。如在讲授"介绍礼仪"一课时,要使学生懂得作为被介绍人应如何做出"合礼"的反应,可以通过多媒体展示相关视频,让学生通过观看或自演案例来体会被介绍人做出各类反应的实际交际效果。但是对于要点,仍需要教师归纳,否则会因细节过多过杂而不好把握。此时,教师只需要编造高度概括的口诀,配以自身的示范就可以起到很好的教学效果。如将被介绍者的反应概括为"动脚""动手""动口",再加以详细说明:"动脚"是指在被介绍后应主动上前或者一脚往前走半步,使身体重心往前移;"动手"是指主动表示友好,位尊者主动伸手与人握手,位卑者等对方伸出手后马上做出反应;"动口"指在握手时要伴随着相应的语言"你好""很高兴认识你"。为使学生有深刻的认识,老师可以亲自示范在被介绍后是否做出以上"三动"的反应,让学生自己体会其中的差别,以及给人带来的不同感受。

综上所述,公关礼仪课程教学要注重教学方法改革,保证在实践教学中能挖掘出道德底蕴、提升理论深度,在理论教学中又能注重自演案例、师生示范演练,充分又适度地运用多媒体教学手段,在课堂教学中真正做到"讲""练"结合。

(四) 新时期高校公关礼仪课程教学改革的策略

礼仪,是指人际交往中以约定俗成的方式表达律己敬人的内容。公关礼仪课程以教给学生现代礼仪的基础知识和操作规范,使学生明确礼仪在其生活、学习及未来工作和实践中的规范作用为知识目标;以培养学生形象塑造和展示能力、语言表达和交流能力、人际沟通和交际能力、自我控制与处事能力为能力目标;以提升大学生的人文素质、职业素养和道德情操为素质目标。在大学开设公关礼仪课程至关重要。

1. 新时期大学生需要习礼懂礼

随着"00后"大学生陆续成为高校学生的主体,大学中会增添新的气象、新的活力,但也会产生新的问题、新的矛盾。

(1) 礼仪有利于促进人际交往

在学习和生活中,"00后"大学生有过于张扬的个性在展示自我的同时,也造成了与同学、室友无法和谐相处的隐忧。教室中、宿舍里,由一些芝麻绿豆大的小事引发互不交流的冷暴力事件时有发生,严重者甚至会付诸武力。在大学生中开设公关礼仪课程一方面可以从学生的内在层面培养其宽容大度的个性,另一方面也可以教授一些具体实用的人际交往技巧,促进学生间交际交流的和谐。

(2) 礼仪有利于规范失范行为

公交车上不肯让座、大庭广众下卿卿我我、安静场合大声喧哗等多种失范行为在大学生中时有发生。当前尤其突出的问题是上课时离不开手机。智能手机的使用可以说是双刃剑,一方面使用智能手机可以及时掌握资讯,随时随地与人交流、学习,但另一方面,过度依赖手机将导致现实社交淡薄、课堂失范等不良后果。礼仪作为一种社会准则,对大学生的失范行为具有调节、规范的作用。了解和掌握公共场所、课堂、宿舍等各种场合的礼仪规则,能从一定程度上改善这些情况。

(3) 礼仪有利于竖立正确的美丑观念

"00后"大学生较之"90后"大学生更为注重"颜值"。他们关注美,追求美,但是却并非所有的大学生都具有正确的美丑观念。受到各种不良社会风气的影响,或是部分"男神"级、"女神"级明星的不当示范,"00后"大学生一定程度上存在以粗俗为美、以怪异为美、以不合文明尺度的性感为美等多种不正确的审美观念。礼仪课程中所包含的个人形象设计和塑造方面的知识可以引导大学生正确认识美丑,掌握各种形象塑造的技巧,打造良好的、适宜的个人形象。

（4）礼仪有利于职业素养的前期培养

越来越多的事例和数据指出，有些大学毕业生初入职场时，因缺乏应有的职业素养和团队合作精神而无法应对本职工作。公关礼仪课程亦注重对大学生职业礼仪方面的能力素质进行培养，与企业岗位的礼仪要求接轨，能为"00后"大学生提供职业素养的前期储备。

2. "00后"大学生对公关礼仪课程教学的新要求

公关礼仪课程的开设对"00后"大学生有着积极的意义，但另一方面，该群体又对公关礼仪课程教学有着新的要求，他们在实用性、趣味性、模块化方面较之前的大学生群体有着更高的要求。

（1）实用性

部分"00后"大学生张扬的个性、略显急功近利的人生态度、对经典权威的质疑精神等特征都影响了他们对说教式礼仪教学的接受程度。相较而言，他们更容易接受甚至是主动学习那些在生活、社交及日后工作中极具实用性的礼仪知识。因此，在教学设计中，教师应针对这一情况充分发挥主观能动性，紧密结合生活、社交和职场实际，挖掘出礼仪规则的实用价值。此外，还要巧妙地将礼仪规则中所蕴含的道德情操、人生态度、处事原则融入其中。这样既可以调动学生的学习积极性，又可以让学生对礼仪课程的学习真正做到内外兼修。

（2）趣味性

随着各种课程改革的不断推进以及教育观念的不断进步，"05后"大学生的学习成长经历和所处的社会环境都与以往的大学生有着较大的区别。他们厌恶和排斥说教式、填鸭式、"一言堂"式的教学，更青睐于生动、有趣味的课堂教学，更喜欢充分运用多媒体营造出的多元化的课堂学习氛围,更享受可以在讨论中积极表达自己观点的轻松化的学习课堂。

(3) 模块化

随着"互联网+"时代的来临,当前大学生关注的事物越来越多,这一方面可以进一步拓宽他们的视野、提升个人素质和内涵,另一方面也决定了单就某一门课程的学习来说,他们用于学习钻研的时间会越来越少,时间越来越零碎。因此,在进行公关礼仪教学时,教师应该针对这一情况,有意识地将整门课程体系拆分成一个又一个的小模块,以方便学生有效、快速地掌握。

3. 新时期公关礼仪教学的改革策略

针对"00后"大学生的新要求、高要求,高校礼仪教师应积极尝试、勇于探索,对公关礼仪课程教学进行改革。笔者认为可从以下三个方面进行改革尝试:

(1) 化整为零,突出礼仪的实用性

在传统教学中,大学生对一门完整课程的学习和掌握,一般需要一段较长的时间对各个章节的理论知识进行系统的学习,并在此基础上完成实践的准备。这样他们所花费的时间会较长。而在新时期,鉴于这个时代大学生的特性,教师可对公关礼仪知识在充分透彻钻研的基础上进行解析重构,归纳出相对独立、必备的礼仪能力知识模块,并将任务目标分解成一个个能力要素,形成以礼仪规则技能为点、以礼仪能力培养为线、以礼仪素养提升为面的"点线面"相结合的板块化学习体系。而在这一体系中,教师或学生均可根据学习时间的长短,随时提取其中的一个知识点或模块来进行学习或复习。这样不仅可使教师在课堂教学时留出更多的时间用于指导学生理论联系实际、开展师生交流讨论,也有利于教师对学生的课程知识点掌握程度进行考核,还方便了学生课后的预习和复习。

在对教学体系进行化整为零的模块化建构时,还应遵循"以需定教"的教学原则,突出礼仪的实用性。改变以往的注重理论化、平面化的教学方式,在培养过程中,将与学生专业对应的具体岗位的行为规范及礼仪要求融入教学实施方案中,制定多种礼仪能力目标,让教学过程具体形象、生动立体,使教学更加具有针对性和实用性,才能更有效地激发学生的学习兴趣,培养学生的学习能力,提高教学质量。

(2)厘清思路,发挥教师的引领作用

如今的课堂,越来越强调学生的主体地位,但教师的主导作用绝对不容忽视。针对新时期大学生的特点,在课堂教学设计中,不仅要进一步发挥学生自主学习和小组学习等特性,而且要进一步弱化教师在课堂教学中的存在感。这并不是要求教师完全放手让学生自由,而是对教师的主导作用提出了更高的要求,教师在课前进行教学设计时需要花更多的心思,帮助学生厘清思路,让学生在教师预先设计的基础上顺着教师的思路,以符合基本学习规律的方式进行自主学习。

第一,教师应有意识地进行问题导入,以提问引趣教学法,选取现实问题,抓住学生的兴趣点和注意力,引导学生围绕本讲主题进行思考和探索。第二,教师应引导学生明确学习目标,以目标来明确责任,清晰地界定所学内容的知识目标和能力目标有助于学生最后学习目标的达成。第三,在学习具体项目时,教师应有意识地加强课堂的结构性,有条有理地开展教学与讨论,以方便学生掌握知识。

以"做好介绍人"这一知识点的学习为例,教师在课堂教学的开始就可以提出大学生常见的问题,如:好友极有兴趣去认识一位你所熟识的教授,你该如何为之做好推荐介绍?又或者,中学好友前来相见,你携大学室友前往校门口迎接,见面时应如何为双方做介绍?此类源于生活的接地气的问题可以迅速抓住学生的心,激发其探究的兴趣。随之教师可以 PPT 的形式清楚地展示本讲所要达到的知识目标和能力目标:了解介绍的前期准备工作;根据被介绍人不同身份选择正确的介绍顺序;掌握介绍时的姿态、用语及常见的技巧;能在不同的场合对不同的被介绍人做出合礼的介绍等。这有助于学生对所需要掌握的知识预先有个系统的认识,并能进一步激起其学习兴趣。在进行具体的项目学习时,教师也应按照一定的顺序引导学生学习,如该问题解决的顺序为"征求双方意愿——选择合宜场地——厘清介绍顺序——合礼地进行介绍——协助被介绍人打开话匣子",在此顺序的基础上,开展丰富多彩、个性化的教学,增强课堂教学知识点的内在逻辑性。

(3) 精选视频,增添教学的生动性

视频的来源既可以是名家的讲座,也可以是礼仪类综艺节目,或者是学生自己拍摄的礼仪习作,甚至可以是电视电影里的片段。礼仪源于生活,用于生活,离开生活场景来谈礼仪规则就如无水之鱼,失去了生命力。在教学中,我们可以借助各类视频构建或还原生活场景,或是放在课堂教学的开始作为案例,调动学生的兴趣,或是放在课堂教学中端以调节课堂氛围、放大礼仪细节,也可以放在结尾处引起学生的延展性思考。

所选取的视频应该少而精,时长 3~5 分钟,短则几十秒,对于要讨论的要点点到即止,关键是能调动学生,触发学生的讨论,或是讨论点极具有代表性,对教师讲授的观点佐证得十分到位。这就需要教师对视频进行精挑细选、精心加工剪切,将其巧妙地融入自己的课堂,这样才能起到更好的教学效果。

（五）营销礼仪的重要意义与发展趋势探析

营销礼仪是指营销人员在营销活动中，用以维护企业和个人形象，并对交往对象表示尊重与友好的行为规范。营销礼仪的产生和兴盛既是营销行业发展的必然要求，也是礼仪学科发展的必然结果。营销礼仪无论是对于营销行业还是对于礼仪学科来说，都有着极为重大的意义。

1. 营销礼仪的重要意义

（1）营销礼仪的产生标志着现代礼仪的成熟

纵观中国古代礼仪和各国礼仪的发展轨迹，它们无不经历了从无到有、从低级到高级、从零散到完整的渐进过程，也都经历了萌芽、成形、发展、成熟等各个阶段。

营销礼仪的产生标志着现代礼仪的成熟。在此之前，现代礼仪根据适用对象、范围来划分，大致可以分为政务礼仪、商务礼仪、服务礼仪、社交礼仪和国际礼仪等几个大类。营销礼仪属于商务礼仪的分支，是商务礼仪在营销活动中的具体运用。营销礼仪从商务礼仪的体系中独立区分开来，不仅说明了现代礼仪体系有了更完善的结构，显示了人们对现代礼仪的认同度和践行度得到了进一步的提升，同时也意味着现代礼仪的发展有了新方向，将得到更细致化的发展。

（2）营销礼仪彰显了现代礼仪在经济活动中的价值

现代礼仪作为现代人在工作和生活中所遵守的行为规范，用以增强道德修养，提升个人素养，调节自身行为，改善人际交往技巧，因此具有一定的社会价值。

我国素有"礼仪之邦"的美誉，我国古代礼仪更是我国古代文化的重要组成部分,其文化价值毋庸置疑。

现代礼仪在经济活动中的价值是凭借营销礼仪得以彰显的。营销礼仪不仅仅是营销人员的个体行为,更是营销企业的企业行为,是营销活动的重要组成部分,是达成营销目的的重要手段。因此,营销礼仪甚至可以直接为企业带来经济效益,充分体现了现代礼仪在经济活动中的价值。

(3) 营销礼仪是塑造良好企业形象的必要条件

营销环节是企业运营的重要环节,营销人员是企业营销活动的主体,每个项目的成功或多或少都有赖于营销人员与客户的联络与沟通。因此,从某种意义上说,营销人员是企业的代表,其综合素质和个人修养直接影响到企业的整体形象。

营销礼仪的运用,不仅可以从根本上提升营销人员的个人修养和综合素质,更能塑造良好的企业形象。专业稳重的外在形象,得体大方的仪态举止,彬彬有礼的待人处世方法,既可以使营销人员在从事销售活动和维护客户关系中塑造自身良好的形象,又可以从营销人员的个体行为中折射出良好的企业文化和企业形象,从而在客户中逐渐形成良好的企业形象和口碑。

(4) 营销礼仪是企业提高经济效益的重要手段

营销礼仪是一种营销沟通的实用艺术和交际手段,是企业竞争的利器,也是提升销售业绩的润滑剂。营销礼仪不仅具有现代礼仪的情感沟通功能,而且更注重企业与企业、企业与公众之间的信息交流,讲求策划创意和传播效应,注重在营销活动中利用大众传媒来维护企业与公众的关系。所以营销礼仪是企业提高经济效益的一种重要手段。

2. 营销礼仪发展中存在的问题及原因分析

营销礼仪属于商务礼仪的分支,是商务礼仪在营销活动中的运用和体现。目前,营销礼仪受到越来越多的企业和营销人员的关注和应用。但是仍然有些企业和个人对营销礼仪不够重视或者存有一些认识上的误区。

(1) 对营销礼仪的实用性认识不足

部分企业和个人忽视营销礼仪对于营销活动的积极作用,认为礼仪是流于形式的繁文缛节,是对于营销人员不必要的束缚,非但起不到促进销售的作用,还使营销人员"曲高和寡",成了其营销交际中的一堵墙,阻碍了营销人员和顾客的沟通。或者认为营销礼仪可有可无,对于整个销售过程毫无影响。这样的错误观点来源于对营销礼仪的不了解,对于营销礼仪的实用性认识不足。

(2) 对营销礼仪的道德性认识不足

很多企业和个人在学习和运用营销礼仪时,片面重视营销礼仪对于塑造企业和个人形象、促进人际关系、提高经济效益等方面的实用性功能,容易忽视营销礼仪的道德性。

道德底蕴和礼仪规范是礼仪极为重要的两个方面,它们相互区别,但也紧密联系,缺少道德底蕴的礼仪规范是毫无意义的形式主义。在运用营销礼仪时也同样要正确认识其道德性,要将道德调控和营销礼仪技巧并用,以确保营销礼仪技巧真正地、持久地发挥作用。

(3) 对营销礼仪的体系性认识不足

有些企业和个人虽然能够正确认识营销礼仪的重要性,但认为营销礼仪是营销活动和礼仪规范的简单相加。持有这样观点的企业和个人,虽然同样会在营销活动中使用礼仪,也能在一定程度上发挥礼仪对营销活动的润滑作用,但是较之真正地结合营销环节和市场环境而加以转化调适的自成体系的营销礼仪来说,很多企业并没有将其作用完全发挥。

以上现象，一部分原因在于企业和营销人员没有正确地认识营销礼仪的价值和内涵，另一部分原因在于营销礼仪自身发展的不足。营销礼仪作为一门新兴学科，在现阶段还存在一些功能不全、定位不明之处。如不能尽快解决这些问题，不仅有碍于营销礼仪的运用，还会在一定程度上阻碍营销礼仪学科的发展。

3. 营销礼仪的发展趋势

营销礼仪既具备一般礼仪的共性，又具有与一般礼仪不同的特殊性，因此在推进营销礼仪学科发展时要遵循礼仪学科发展的共性原则，更要凸显营销礼仪的独特功能。营销礼仪的发展趋势呈现出以下几个特征：

（1）营销礼仪与营销人员职业道德建设的联系将更为密切

道德和礼仪是一种内容和形式的关系。任何内容都具有某种形式，任何形式也表现着某种内容。一方面是内容决定形式，另一方面是形式反作用于内容。

营销人员的职业道德从根本上调控其营销行为，能指导营销人员在实施营销行为时坚持把握正确的方向和原则，对企业和个人的长足发展有着极为重要的意义。所以，营销礼仪要得到健康发展，必须与营销人员职业道德建设密切关联，具体的礼仪行为规范务必遵循职业道德的调控和指导。

（2）营销礼仪与营销人员职业技能训练的结合将更为紧密

营销礼仪的运用场合是在营销人员的营销活动之中的，是营销活动中所涉及的礼仪知识和技能，是通过礼仪主体的营销行为加以呈现的。因此，营销礼仪不同于一般礼仪，它与营销活动紧密契合，不可分割。营销礼仪要得到快速发展，必须加强营销人员的职业技能训练，使营销礼仪在营销人员的职业技能训练中得到体现并强化。这些对于综合培养营销人员的礼仪规范能力、应变能力、与人交往能力、沟通协调能力、团队合作能力等核心职业能力都有着积极的意义。

（3）营销礼仪的习得方法将更加多样化、全面化

目前营销礼仪的习得方法主要是企业对营销人员上岗前的入职培训，或者营销人员自己通过书籍、影视等多种途径进行学习。

入职前的营销礼仪培训较为有效，有较强的针对性，主要是围绕营销人员的实际工作展开，能在一定程度上与职业技能训练相结合，并能结合企业实际，激发营销人员学习的积极性。然而不足之处在于，入职培训一般时间较短，各种职业技能培训较为密集，不便于消化掌握。而且相对于其他技能而言，营销礼仪不仅强调操作技巧，更强调其道德内涵。如果习得所花费的时间不足，极易将营销礼仪形式化，使学员重技能轻内涵，走入流于形式的误区。

至于营销人员自己习得，从一定程度上能发挥主体的主观能动性，有其优势，但是也存在极为明显的不足之处。各种书籍、影视内容良莠不齐，兼修杂学也不利于消化掌握，且不能很好地与企业和岗位的实际相结合。

鉴于营销礼仪的学科特性，其习得方法应该多样化、全面化，以确保礼仪规则与道德内涵相结合，知识与技能相结合，礼仪原则与企业文化相结合。

首先，应该加强高等院校高级营销人才培养期间的礼仪教育。高校课堂教育方式的优势在于时间较长、知识比较系统全面，便于培养学生的营销礼仪道德内涵。课堂教学也便于学生建立营销礼仪知识体系，并在理论层面掌握营销礼仪知识。其缺点在于大学期间所学知识无法及时与实践相结合，容易受到各方面的影响而使效果减弱。

其次,应该强化入职前的营销礼仪培训。确保在大学期间所建立的营销礼仪知识和职业道德内涵的基础上开展礼仪技能训练,联系岗位要求,切实做好营销礼仪培训。

最后,应该加强礼仪培训考核,并建立公司相关规章制度。营销礼仪既是营销人员的基本职业修养,又是一项极为重要的职业技能,企业应该定期进行礼仪培训并进行相应的考核,不断更新知识,强化技能。将营销礼仪写入公司的规章制度之中,并要求相关人员严格遵守。

三、毕业礼仪教育

在此阶段,将礼仪教育并入就业指导体系,通过求职礼仪辅导、就业指导等环节,偏重于求职礼仪、职场礼仪、商务礼仪等内容,帮助毕业年级学生完成身份转变,打造学生的就业、从业竞争力。要谈求职礼仪,先要了解毕业生求职礼仪与形象的关系,指导学生初入职场时,如何快速调整自己的形象,如何通过选择服装,充分彰显自己的形象,如何通过调整仪态,改善人缘关系等。

(一)毕业生求职礼仪与形象的关系

每年有大量毕业生在求职大军中努力奋战,但是有人欢喜有人忧。在中意的岗位前败下阵来的,在感叹时运不济、实力不足的同时,分析原因也有自身礼仪方面的问题。而能获得心仪的工作,固然是好,但如何快速适应职场,迅速塑造良好的职场形象,又是摆在他们面前的新问题、新困惑。

1. 礼仪与形象的关系

从大学生到职场新人的转变,最突出的是角色的转变,还包括个人形象的转变。形象是指人们通过视觉、听觉、嗅觉等多种感觉器官在大脑里形成的对某件事物的整体印象。形象并不等于事物本身,而是他人通过多种途径感知事物后形成的主观判断。礼仪与形象存在以下关系:

(1) 礼仪与形象存在共同的物质依托

礼仪和形象都是看不见、摸不着却感受得到的,它们都凭借着一定的物质依托而呈现。仪容服饰、表情仪态以及为人处世的每一个细节均是礼仪与形象的共同依托。从一个人的仪容服饰,我们既可以看出他的礼仪修养,也会因此对他形成一个形象方面的评价。

(2) 礼仪与形象存在共同的指向

试想一下,如果你是面试官,当你接触到一位仪表堂堂、服饰大方、举止得体、妙语连珠的年轻人时,你是否很容易对他做出正面积极的评价。而如果我们接触的是一个肮脏邋遢、举止粗俗、满口脏话的年轻人,则极易对他产生负面的、消极的评价。这就说明在一般情况下,当我们认可某人的礼仪修养时,他在我们心中的形象也会比较好。

2. 应届毕业生求职中常见的形象礼仪问题

很多毕业生学子,在求职这个人生关键时期如果不能树立起正确观念,不能合理运用礼仪,不能迅速塑造良好职场形象,就会出现以下问题:

(1) 不规范的仪表服饰,很难得到他人认可

在求职应聘的过程中,有些学生不重视仪表服饰,不注重个人卫生、眼睛、鼻子、头发、指甲等处均存在一些卫生问题,会引起招聘方的反感,因而失去宝贵的就业机会。还有些学生则是过于讲究,以至于超出合礼的范畴。为突出自己的优势,化过于精致的浓妆,选择性感、艳丽的衣着,长头发随意披散,任由刘海或卷发遮住半张脸,以此凸显所谓美丽的容貌。虽然自认为已努力,却得不到招聘方的认可。

(2) 不得体的举止仪态,引起他人反感

有些毕业生,不懂基本的为人处世礼仪:随意用左手递交求职材料;在等待面试时觉得十分无聊,就坐在那里玩手机,玩得投入时,双腿散漫地随意抖动;对工作人员的奉茶不立即起身感谢,对来负责面试的领导不起身致意表示尊敬;回答面试官问题时不正视对方而显得不够自信,双手紧紧相握或者抱住随身背包而显得过分紧张;等等。这些不得体的举止仪态,一方面有可能因不够尊重他人而引起反感,另一方面还可能令他人由此联想到其工作能力不足。

(3) 不懂得如何表达对他人的尊重而引致对方的质疑

在与他人相处时,我们应时刻以他人为尊,在每一个细节方面均应尊重他人。如果未能以约定俗成的方式来表达对他人的尊重,可能在引起他人不满的同时也会使对方对自己日后的为人处世能力产生质疑。

(二) 初入职场,快速调整自己的形象

第一个方面,"发必理"。头发应该定期修理、打理,一定确保干净整洁。此外,职场中还需注意男士们头发的长度,要做到"三不":前不遮眉,侧不盖耳,后不过领。也就是前面的头发不要遮住自己的眉毛,侧面的头发不要盖住自己的耳朵,后面的头发不要长过衬衫领子的上部。

职场女性的发型其实是比较多样化的,可以是短发,也可以是盘发

或者束发。行业和岗位不同,对女性的发型要求也是不太一样的。有些行业要求比较严格,对于该行业的从业女性来说,也同样要求前不遮眉、侧不盖耳、后不过领。还有些行业,对女性发型要求没那么严格,但是头发也不能过于随意地披散在肩膀上,而应该稍加打理,至少要确保露出自己的五官。因为在职场,能清楚地露出五官,不仅是对他人的一种基本尊重,也能够展现出自己良好的精神面貌。

第二个方面,"面必净"。强调两无:无异味、无异物。不能有明显的臭味和过于浓郁的香味,也要注意避免面部有异物。

对于女性来说,除了要注重细节之外,还要注意不能过分。要合礼修饰,适度修饰。职场女性应以淡妆为主,让自己在职场"养眼但不抢眼"。

第三个方面,"衣必整"。首先是服饰干净整洁和专业得体。面试的时候,一定要选一套正式的职业装穿上,去面试前,记得找个地方检查下自己的妆容和服饰,整整衣领和衣角,拍拍肩部,擦擦皮鞋再去。面试前做最后一次的仪容修饰整理,不仅可以及时发现小问题,也可以进一步增强自己的自信心,提升面试的通过率。

服饰除了干净整洁,还要注意三个原则:

一是要符合身份,要职业化,更要专业化。很多人认为,所谓职业装,就是深色的西式套装或西式套裙。其实不然,职业装是指在职业场合穿着得体的服饰。由于行业不同,人们对各行各业的职业形象的定位也是不同的。我们以三个带"师"字的行业为例:教师追求的是一种庄重或亲和的个人风范,所以教师除了可以穿着深色套装外,还可以多穿浅色套装,或大众化的套装;律师给我们的感觉是严谨、一丝不苟的,所以一身深色的、高档的西装,可以彰显律师的专业形象;设计师在我们心里则是应该与众不同、标新立异或者有较强的个性,这样才能凸显出设计师的艺术品位。符合身份还要强调场合问题。在工作场合，你是律师，我是教师，他是设计师；但是在社交场合，比如外出旅游时，咱们都是游客，都应该以舒适自然的服装为主。

二是要遵守成规。有些行业和岗位要求没有那么严格，可以穿着时装、便装，那么从业人员要遵守的规则就少很多。但是有些行业要求非常严格，如营销行业，如果选择这样的行业，就一定要熟知以下五个职场秘诀：

职场秘诀一：在颜色上，深色使人显得稳重，浅色使人显得亲和。在服饰线条剪裁上，直线条的服饰显得干练，曲线条的服饰显得亲切。

在职场，优先考虑深色。深色的服饰可以帮你迅速打造稳重的职场形象，使你看起来更加专业可靠。在深色中，最佳的选择有藏蓝色和黑色。藏蓝色是最深的蓝色，它既拥有深色给人带来的稳重感，又拥有蓝色给人带来的冷静睿智感，非常符合职场的需要。而黑色也可以让你显得精神而稳重。

有些女性觉得自己不太适合那种特别强硬干练的形象，所以心理上比较抵触深色的西式套装。其实西装之所以让我们显得干练，是因为它的线条以直线条为主，直线条的服装让人显得干练强势。如果想适当减弱职场干练的感觉，可以在深色套装中选择含有一些曲线条的衣服。

职场秘诀二：西装扣子的扣法是扣上不扣下。如果是三粒扣的西装，那就是扣上面两颗或中间一颗，最下面的扣子是不扣的。如果是两粒扣的西装，就是扣上面的扣子，不扣下面的。为什么要这样呢？西装的线条一般比较刚硬，剪裁一般比较修身一些，很适宜打造职场干练的形象。而最下面那颗不扣的扣子，可以使衣角在职场人士举手投足之间，增添一种灵动感。所以说，得体的西装，正确的穿法，在帮助你迅速打造专业形象时,还可以适当掩饰身材的不足。

职场秘诀三:领带系好之后领带最底端应该正好达到皮带扣的上方。领带系得太高或太低都不好看。

领带选择:一是看颜色,喜庆场合可以优先考虑红色,工作场合,稳重内敛的蓝色是首选。二是看图案。常见的有斜纹、圆点和不规则图案。斜纹图案显得权威,适合主持会议、发言等。圆点、方格图案中规中矩、内敛稳重,适合面试。不规则图案活泼随意,适合舞会、酒会之类的场合。

职场秘诀四:女性穿裙子时,丝袜的长度一定要高于裙子的下摆,不然就会出现裙摆把腿部分了一截,袜口把腿部又分了一截,鞋口再把腿部分了一截的"三截腿"现象。

职场秘诀五:求职时,女性最好选择鞋跟高度2～5厘米的船型皮鞋。平底鞋属于休闲鞋,不太适合求职时穿着,会显得对面试官不够尊重。即使是个子较高的女孩,也建议穿鞋跟高度至少2厘米的鞋,表示尊重对方的同时还可以提升个人气质。一般建议求职时,鞋跟高度不要高过5厘米,过高的鞋跟也会让人显得拖沓、不专业。另外,鱼嘴鞋、皮靴、坡跟鞋、松糕底鞋等都不属于正式着装搭配的鞋子,应该选择细跟船型皮鞋。

三是配色和谐。在配色方面可以注意三个要点:

①三色原则。指的是全身上下的颜色要控制在三种色彩之内,这样可以凸显职场稳重感,过多的颜色会显得杂乱而幼稚。②深浅色搭配,要想严格遵循三色原则,就必须在色彩的选择和各色彩所占比例方面下点功夫。要尽量选择深浅色搭配的颜色,增强层次感。③有主有次。保证要有一种颜色占了全身颜色的二分之一以上,这样就可以很好地避免用色中"一统天下"或是"平分秋色"的误

区了。

此外，配色还有三个小技巧：

一是巧用对比法，打造神采飞扬的形象。

黑白分明的搭配可以使人显得更加精神奕奕、神采飞扬。最合适的对比区域是颈部三角区。在这个区域里，衬衫、西装和领带形成几组鲜明的对比，可以很容易地让人们的视线聚集于这些鲜明对比下凸显出来的面部，使人显得更加有精神。此外，还有个区域可以用对比法，就是袖口，袖口的黑白分明可以令人显得更加干净整洁。而最不能使用对比法的地方在于脚部，深色裤装裙装搭配浅色鞋子，或者浅色裤装裙装搭配深色鞋子，这些搭配是不太正确的。就跟化妆时所要遵循的道理一样，一个人的面部应该只有一个突出点，所以如果有了突出的眼妆，就不要再化显眼的唇妆以免破坏整体的和谐。如果在脚部运用对比法，会使人分散应该聚焦于面部的视线。

二是活用呼应法，打造视觉统一形象。

呼应法，是指在身上不同的部位采用相同的色彩元素来相互呼应，以增强整体的统一感。最好的呼应法就是同质同色的运用。比如女性在佩戴首饰时，如果选戴珍珠项链，就最好配上同样的珍珠耳环、珍珠戒指，这样会更加协调，比珍珠、宝石、黄金搭配在一起和谐很多。

男士呼应法的运用，如皮鞋、皮包、皮带，这三样皮质的物件做到"三皮一色"，效果也相对较好。首选的颜色是黑色，因为黑色是让人觉得最稳重的颜色。如果选白色的皮鞋，在社交场合就会给人一种轻松、轻快的感觉；但若是在职场，白色的皮鞋如果搭配上深色裤子，则会给人一种轻浮、轻率的感觉。

三是运用协调法，打造整体和谐形象。

协调法，是指用相同或相近的颜色来配色。在职场上，协调法也可以得到大量运用。裤腿、袜子、鞋子的色彩搭配运用协调法最合适。深色的裤子、深色的袜子、深色的鞋子,看上去浑然一体,不会产生突兀的感觉。

做好了这"三必"——发必理、面必净、衣必整,相信大家就能以一个自信得体的形象去接受面试的考验。

(三) 选好服装,充分彰显自己的形象

挑衣服,有的学生会认为是一个特别难的事情。因为服装的选择要考虑很多方面,包括时节、地点、需要出席的场合等,还要考虑个人的特点,如年龄、气质、爱好、职业等,以及服装的色彩、款式、面料与图案花样等。怎样挑出合宜的服装呢?可以分解为以下几个方面来解决:

1. 知己知礼,挑出合"礼"的服装

挑选服装,首先是需要遵守国际通行的"TPO"原则。"TPO"原则即着装与时间(Time)、地点(Place)、场合(Occasion)相配的原则。

第一,时间(Time)原则。选择服装,从大处讲,需要符合一个时代或时期的价值观念与审美情趣。汉服襦裙、中山装、黄挎包、绿军裤都承载着时代的文化与审美观。也要符合春夏秋冬四季更迭的时令性,夏装清凉、冬装温暖、春装清新、秋装沉静。从小处说,要符合早间、日间、晚间等各时间段不同的情况,做到"随时更衣"。

第二,地点(Place)原则。指特定的地点、环境应配以与之相适应、相协调的服饰,以获得视觉与心理上的和谐感。办公室里以庄重大方为原则,应穿着职业化的服饰;外出跑步、做操,或在家里盥洗、用餐,着装都应以方便、随意为宜。

第三,场合(Occasion)原则。场合原则具有深层的社会基础和人文意义,穿着的服饰所蕴含的信息内容必须与特定场合的气氛相吻合。出席舞会、音乐会等正式社交活动,可以华丽的服饰为主,而出席商务谈判活动则需要穿着低调稳重的正装;参加朋友的婚宴可以穿着鲜亮、喜庆的服饰表达祝贺之意,但参加丧礼则需要穿着肃穆的黑色、深色服装以传递心中的悲痛之情。

第四,《弟子规》里的"衣贵洁,不贵华。上循分,下称家"也能带给我们一定的启示。在服装的选择中,第四个整洁原则也需要注意。在任何情况下,服饰都应该是干净整齐的。衣领和袖口不能污渍斑斑,服装需平整,扣子要齐全,不能有开线的地方,更不能有破洞。内衣袜子也要勤洗换,皮鞋保持光亮,尤其是衬衫,应该干净挺括。

第五,符合身份原则。"上循分,下称家。"中等收入的家庭没有必要超出经济承受能力使用各种奢侈品;已经步入职场的人,则需要尽量避免天真活泼的少女风式、萌化懵懂的少男心式的穿着。在服装的风格选择上,要注意与身份合宜。

下文给读者介绍一些常见的着装风格,以便读者根据自己的个人审美与喜好进行选择。不过一定要注意,不管是何种着装风格都需要符合以上五个原则以达到合乎"礼"。

第一种是百搭风格。服装以单品居多,可以形成各种搭配,此风格很实用,一般是基本款或经典样式,如白T恤、牛仔裤等。

第二种是淑女风格。优雅清新是淑女风格的概括。蕾丝与褶边是淑女风格的两大标志。

第三种是民族风格。包括纯民族的盛装华服、演出服饰、符合日常穿着的改良民族服装和含民族元素的服装。以绣花、蓝印花、蜡染、扎染为主要工艺,面料一般为棉和麻,款式上具有民族特征,或者在细节上带有民族风格。

第四种是欧美风格。主张大气、简洁,面料自然,比较随意、简约,搭配感和设计感强。

第五种是学院风格。简单却又充满理性,可以选择针织帽、藏青裙、条纹衫、白衬衫……青春感十足。

第六种是中性风格。中性风格现在成了流行中的宠儿。T恤、牛仔裤、低腰裤等被认为是中性服装,黑、白、灰是中性色彩,染发、短发是中性发式。

第七种是嘻哈风格。嘻哈风格随意自由,宽松的上衣、裤子、帽子、头巾或胖胖的鞋子,很具有时尚感。

第八种是田园风格。田园风格追求的是一种原始、纯朴的自然美。它的设计特点是崇尚自然而反对虚假的、华丽的、烦琐的装饰和雕琢的美。纯棉质地、小方格、均匀条纹、碎花图案、棉质花边等都是田园风格中最常见的元素。

第九种是简约风格。通过精心的廓形设计,以精致的材料来表现,起到简约而不简单的效果。

第十种是 OL(Office Lady),白领女性风格。通常指上班族女性,OL 时装一般来说是指套裙,很适合办公室穿着。

2. 玩转色彩,挑好出"色"的服装

除了要注意"TPO"原则、整洁、符合身份以及选择自己喜欢并适合的风格外,还需要注意色彩的挑选与配搭。研究表明,人的视觉器官在观察物体最初的 20 秒钟内,色彩感觉占 80%,形体感觉占 20%;2 分钟后,色彩感觉占 60%,形体感觉占 40%;5 分钟后,色彩感觉和形体感觉各占 50%。

关于服装的色彩，我们先要掌握两组基本概念：第一个是色彩的分类，包括无彩色系和有彩色系；第二个是色彩的三属性，包括色相、明度和纯度。

无彩色系是指由黑色、白色以及由黑白两色混合而成的各种不同层次的灰色构成的色彩。

有彩色系是指可见光中的全部色彩，以红、橙、黄、绿、蓝、紫为基本色。基本色之间不同比例的混合、基本色与无彩色之间不同比例的混合所产生的千千万万种的色彩，都属于有彩色系。

色相是指色彩的相貌，是区分色彩的主要依据。我们说的红、橙、黄、绿、蓝、紫就是对色彩色相的称呼。

明度是指色彩的明暗程度，也可称为色的亮度、深浅。当一个彩色加入白色时，它的明度就会提高，也就是变浅；加入黑色时，明度会降低，也就是变深。相比较而言，高明度的浅色显得轻快轻盈，低明度的深色显得沉重稳重。低明度的深色给人以谦逊、成熟感，所以一般在商务场合，更受青睐，借用这种色彩语言，职业人士更易受到他人的重视和信赖。

纯度又称彩度或饱和度。在所有色彩中，红、橙、黄、绿、蓝、紫等基础色相的纯度最高，无彩色没有色相，所以纯度为零。低纯度色彩的运用可使人专心致志、平心静气地处理各种问题，营造沉静的气氛。

搭配服装时需要注意三种搭配类型的色彩关系，这三种类型分别是稳定统一型、和谐变化型和对比强烈型。稳定统一型的搭配显得中规中矩、温和低调，搭配起来也较简单，最容易掌握；和谐变化型的搭配使整体造型和谐且富有层次变化；对比强烈型的搭配能达到醒目、刺激、兴奋、引人注目的视觉效果。

在配搭时我们需要遵守三条搭配法则，分别是：

① 同频法则：在搭配时选择同色系、同明度或同冷暖的色彩加以搭配。同频法则寻找的是色彩相互间的"最大公约数"。

② 焦点法则：色彩搭配要突出主要色彩，如果色彩整体过于平淡和沉闷，可以用艳丽的色彩来点缀。同样，色彩如果整体过于艳丽，可以中间色加以抑制。

③ 呼应法则：一般指帽子、围巾、包、项链、手链等辅助饰品的色彩与服装的色彩相呼应。

3. 扬长避短，搭配得"体"的服装

我们经常说要量体裁衣，这里的"体"就是说一个人的体型。服装的一个重要功能就是美化形象、扬长避短。那么应该怎么根据一个人的身体特征来选择服装呢？

先来看五种体型的分类——矩形、倒三角形、中间形、沙漏形、三角形，也有以字母形状或者蔬果形状作为形象化称呼的，如梨形、A形等。体型的区分，基本上可以参考肩膀、上胸围、腰围和臀围四者的宽窄来区分。若上胸围、腰围和臀围三者几乎相同，就是矩形体型；若相对而言肩膀宽、腰细、臀窄，就是倒三角形体型；若四者趋同，且身体总体偏胖，但四肢相对纤细，就是中间形体型；肩宽与臀宽相近，腰部明显偏细就是沙漏体型；肩部相对较窄，臀部明显偏宽偏大，就是三角形体型。

矩形体型的优势在于两腿修长，可多穿腰线为直线条的大衣或套装，尽量避免突出腰部的服装，若想要搭配腰带，可系上松垮的装饰性腰带。

倒三角形体型对于男士来说，是完美的体型，宽厚的肩膀使同样

身高的男性看起来更加挺拔，也更显高。所以倒三角形体型的男性比较好选择服装。前面提到的矩形体型的男性，与倒三角形体型相比，主要的问题是肩宽不够，可以采用垫肩或者是肩部有横条纹装饰的服饰以起到加宽或者视觉上加宽肩部的效果。对于倒三角形体型的女性来说，稍宽的肩部会形成一定程度的困扰，以比较醒目的裤装或裙装将他人的视线吸引到完美的腿部为好，尽量选择简洁的上装，或者以落肩款为主的服饰。

中间形体型的女性可以多选择 A 字形的大衣或者同色套装、连衣裙都是不错的选择。

沙漏形体型是女性推崇的身材，除了挡住完美身材的直筒大衣外，其他的服装都可以大胆试试，尤其是突出女性柔美曲线的收腰型服饰。

三角形体型的特征是上身相对偏瘦，腰细，臀部、大腿偏胖。收腰大衣、A 字裙、突出腰部线条的伞裙都非常适合，但要尽量避免穿着包臀裙。

再介绍一些常见的领型：船形领露出肩部线条，使肩部从视觉上略显宽，但倒三角形体型的人不适合穿着；圆形紧衣领的服装显得上身更为丰满，但中间形体型的人不适合穿着；U 形领、方领和 V 形领比较百搭，5 种体型的人都可以尝试穿着；无肩带领将视觉焦点吸引至胸部，但沙漏形和中间形的体型都不太适合穿着；高领服装中间形体型的人不合适穿着；吊带领三角形和中间形体型的人都不适合穿着。

脸型的区分主要是看额头、颧骨和下巴的宽窄。额头、下巴都较宽，且棱角分明的，是方形脸；额头偏窄，下巴最宽的是梨形脸；额头与下巴相比略宽，但脸部明显偏长，是长形脸；脸部长宽比例比较协调，大约为 4∶3 的样子，且下巴圆润，就是蛋形脸；下巴较尖是瓜子脸；额头、下巴都较宽,但曲线柔和,是圆形脸。

不同的脸型选择领型时需要遵守领型与脸型不重复、不冲突的原则。圆形紧衣领的服装,方形脸和圆形脸的人不太适合穿着,因为这会使圆脸显得更圆,方脸显得更方,且显得脸大。方领与方形脸重复,不适合穿着,与圆形脸冲突,也不太适合穿着。U形领、V形领比较适合方形脸和圆形脸这两种脸型的人穿着。但是V形领不适合瓜子脸的人穿着,会使下巴显得更尖。船形领露出肩部线条,使脸部肩部显宽,适合长脸型的女性。

上下身的比例以上短下长为宜。若上身比下身短5~10厘米就是非常棒的身材,短1~5厘米属于正常范畴,若是上身长出1~5厘米,就显得腿短,如果上身长出6~10厘米就一定要通过服装进行刻意修饰。头身比例也很重要。全身高度有9个头长就非常赞,有8个头长也很好,有7.5个头长是东方标准,有7个头长则比较勉强,有6个头长就一定要通过服装刻意修饰。如果头长和肩宽的比例是1∶2,就是正常肩宽,如果肩宽是头长的2倍以上就是宽肩。头长和颈长比例以1∶0.5为标准,头长和颈长比例低于0.5就显得"没脖子"。肩臀较好的标准为肩比臀宽5厘米左右。

还可以根据颈部、肩部、胸部、腰部、臀部的情况来看:

粗颈:不适合穿关门领式或窄小领口的衣服,不宜采用短而粗的项链或围巾作装饰。适合宽敞的开门式领型,适合戴长串珠子项链。

短颈:不适合穿高领衣服,不适合戴紧围在脖子上的项链。适宜穿敞领、翻领或者低领口的衣服。

长颈:不适合穿低领口的衣服,不适合戴长串珠子的项链。适合穿高领口的衣服,适合系紧围在脖子上的围巾,适合戴宽大的耳环。

窄肩:不宜穿无肩缝的毛衣或大衣,不宜穿窄而深的V形领衣服。可穿宽松的泡泡袖衣服,适合穿加垫肩类的衣物。

宽肩:不宜穿长缝的或宽方领口的衣服,不宜穿垫肩太大的衣物,不宜穿泡泡袖衣服。适宜穿无肩缝的毛衣或大衣;适宜穿深的或者窄的V形领衣服。

小胸:不宜穿过低领的衣服。适合穿开细长缝领口的衣服,或者穿水平条纹图案的衣服。

大胸:不宜穿高领口衣服或者在胸围处打碎褶的衣服,不宜穿水平条纹图案的衣服或短夹克。适合穿敞领和低领口的衣服。

长腰:不宜系窄腰带,以系与下半身服装同颜色的腰带为好。适合穿高腰的、上有褶裥装饰的罩衫。

短腰:不宜穿高腰式的服装和系宽腰带。适合穿使腰、臀有下垂感觉的服装,系与上衣颜色相同的窄腰带。

宽臀:不宜穿在臀部补缀口袋、打大褶或碎褶的鼓胀的裙子。适合穿线条苗条的裙子或裤子,裙子最好有长排纽扣或中央接缝。

窄臀:不宜穿太瘦长的裙子或过紧的裤子。适合穿宽松袋状的裤子或宽松打褶的裙子。

4. 错觉搭配,选准配"套"的服装

服装有扬长避短的功能,巧妙地利用视觉错觉,可以使成套衣服穿在身上时,充分发挥整体作用,成功地弥补身材的不足。

一整套衣服的穿着技巧,可以包括七个部分。第一步是贴身层,也就是内衣,贴身塑形内衣可以为将要塑造的外形奠定基础。第二步是打底层,尽量选择穿着舒适、质地优良的打底衣物。若有外露部分,可以选择与"个性装"起到一定对比反衬作用色彩的衣服。第三步是选好核心上装。因为人们的视觉焦点更着重在上半身。核心上装呈

现的形态、款式、颜色和精神风貌应该是最为符合个人特征的,能够很好地展示着装者的个性特色。如果天气比较暖和,核心上装和个性装会合二为一。第四步是选择基础下装,也就是裙子或裤子。更多的时候,下装是基础,用以衬托上半身的着装,使整个着装在视觉上达到平衡。第五步是个性装,也就是外套,它是整个着装选择的重点与焦点。第六步是选"点睛之笔",主要是项链、胸针等附属性的配搭物品,用来塑造精致的形象。天气特别冷的时候,还会有第七步,也就是选择大衣、披肩、围巾等。

配套着装时要注意两组关系:长与短、宽与窄的关系。

长与短:上长下短的着装能够在视觉上拉长穿着者的身高,会使人显得更加苗条。上衣盖过臀部,要以人体的黄金比例为准,上衣下摆要位于全身的黄金比例处。这种搭配能够修饰臀部过大女性的体型,对于梨形身材的人特别适用。上短下长的着装能突出下身的修长,对腿部起到视觉上拉长的效果,特别是对身材上长下短的人来说,这样的搭配在视觉上能够起到一定的修正作用。还有,短小的上装能够突出胸部,对于自己胸部不太满意的女性,可以尝试选择短小的上装来从视觉上突出胸部。

宽与窄:上宽下窄的体型是男士的标准体型。如果"上宽"不达标的话,还可以选择加垫肩的上装。女性加宽上部除了用垫肩,还有穿泡泡袖衣服等好办法,同时带给我们轻松美好的青春感觉。上窄下宽体型的着装首先梨形身材的人不适用,倒三角形身材女生穿着的话则会起到较好的效果。

充分运用视觉错觉,可以记住十条口诀:

口诀一:白加红打造白里透红。服装以白色与红色相配,或者以白色为底色,以红色为点缀色,可以使人的气色显得白里透红。

口诀二：花衣显胖，大图显矮。花衣会使人显胖，图案越大越易显胖显矮。

口诀三：花不配花。越丰富的图案，搭配不当越会让人有眼花缭乱的感觉。两种花色的服装搭配，常常会破坏图案的焦点。花色搭配时，可以取花中一色，形成单色加图案的搭配，既不使颜色显得零乱，又突出了图案的主题。

口诀四：超长超短裙，穿出大长腿。对比同一位女士穿着不同裙长的裙子的视觉效果，就会发现，超短小裙和长及脚踝的超长裙，都可以使大长腿的视觉效果显到极致。

口诀五：巧用腰带显身高。我们可以做个对比，同样的人，同样的一套服装，加上腰带后，立马出现了大长腿的效果，不仅显得高，还会显得很有精神。

口诀六：七分更显瘦。七分裤和七分袖，因为正好把较细的脚踝和手腕露出来，显得人较为纤细，有视觉上显瘦的效果。

口诀七：不扣扣，更显瘦。穿着厚重的大衣会使人显胖，若在能保暖的基础上，将大衣扣子解开，使大衣与内搭从视觉上形成一个纵向的长线条，可以使人在视觉上显高、显瘦。在这种搭配中，大衣与内搭的色差越大，效果越明显。

口诀八：深 V 领显脸小。这个大家都知道，所以天气暖和时，很多人喜欢穿深 V 领衣服，但在寒风凛冽时肯定以保暖为主，但如果外套和内搭形成一个深 V 字的效果，是一样可以显得脸小的。

口诀九：一色打底，亮点越高个子越高。一样的服装，亮点色越高，看上去个子越高。

口诀十：上衣越短，个子越高。短上衣对于身高不具优势的人来说，是显高利器。

(四) 调整仪态,改善人缘关系

微笑的表情和善意的眼神真的可以帮助大家"吸粉"无数,要改善人缘关系,首先就要记住多笑,发自内心地笑。

微笑是人世间最美的表情,是世界通行的语言,是成功者的敲门砖。有人说,爱笑的人最有魅力,的确如此。蒙娜丽莎的微笑令人浮想联翩,备受瞩目;《聊斋志异》中樱宁的拈花而笑,不仅令王子服辗转反侧,更是成就了中国文学史上美丽的狐仙形象。往雅处讲,有杨贵妃回眸一笑百媚生,赢得三千宠爱于一身;往俗处说,有笑一笑,十年少。见面三分笑,礼数已先到。还有人说,爱笑的人运气绝对不会太差。说得没错,一个人如果时刻保持乐观的心态、愉悦的表情,那么真挚的友情、甜蜜的爱情,领导的赏识、同事的关心,自然更容易被他身上满满的正能量给吸引过来,那些人们期待的美好更容易被时刻向上翘起微笑嘴角的他一一拥有。

说到微笑,很多人都知道标准是"八颗牙齿往外冒,露出门牙的三分之二"。古时候有句话,叫"笑不露齿",这跟我们今天的要求略有不同,哪一种更好呢？相比较而言,露八颗牙的微笑确实比不露齿的微笑要显得更真诚、更热情,更能打动人一些。

其次,要改善注视习惯,要看出"敬我"。眼睛是心灵的窗户,人们的喜怒哀乐、欣赏憎恨都会自然而然地从眼神里流露出来。比如,当我们看到喜欢的东西、欣赏的人,听到有兴趣的话题,就会明显地瞳孔扩张,眼睛发亮。

有些人注视习惯不太好,与人交谈时,不好意思注视对方,老是低头看着自己的脚尖,还有些人话说着说着会突然眼睛往上一翻,显得对别人的话有些质疑,还有的人与人交谈时眼神躲闪,这些都是不易被人信任的注视习惯。

与人交谈时,应该注视哪里?古语有云:"上于面则敖(傲),下于带则忧,倾则奸。"如果与人交谈时不看对方的面部,注视的焦点在面部以上,则显得目中无人,傲慢无礼。如果注视的焦点过低,会显得自己忧心忡忡,不够自信。那些喜欢斜眼注视对方的人,则会显得心术不正。

所以,应该改善自己的注视习惯,调整注视的地方,最好是聚焦于对方的面部,合礼地表达对对方的尊敬。与人交谈时,注视对方额头,会显示出一种公事公办的认真氛围。注视对方眼睛,会显得比较客观友好。注视对方嘴巴,则显得亲切。至于其他部位,一般不建议在求职和职场中使用。

在注视的时候还要注意注视的角度,俯视会让人觉得高高在上、傲慢无礼,对长辈和客户切不可使用俯视。仰视则让人觉得非常崇拜对方,如当我们被一个博学多才的人所吸引时,会不自觉地双手托腮,头往后仰,双眼仰视对方。平视显得尊敬而友好,斜视容易让人心生反感。

注视对方还有个讲究,就是注视时间不应该低于交谈总时间的三分之一。在交谈时,注视时间不到三分之一,既不容易被人信任,又显得轻视别人,不够尊重对方。较长时间的注视会让对方感觉到你的善意和好感。

据说有个成功率极高的婚姻介绍所,预先对每对相亲的男女分别单独提及对方各方面都非常优秀,只有一个小问题,就是眼睛不太对劲,但是不细看绝对看不出来。人都有好奇心,不说没准大家就去关注对方的其他方面了,尤其是真正令自己不太满意的方面,但是婚介人员说过之后,大家就会下意识地去看对方的眼睛,而且出于好奇一般会看到直到找出问题所在为止,所以注视时间会较长。这样双方就会误解对方对自己极具好感,也更容易萌生对对方的好感。

改善人际关系,除了可以调整自己的表情外,还可以用心去关注对方的表情,也就是察言观色。察言观色非常重要。如果你曾经有过被女朋友的"随便"搞到心态崩溃的烦恼,曾经有过因为大大咧咧而无心伤人的内疚,曾经有过话不投机却无所适从的困扰的话,你可以尝试着学习察言观色,从而获取"心灵解码器",找到人际关系困境的突破口。

首先,需要了解的是"观色"到底需要观察什么。主要可以从四个方面进行观察,分别是观脸色、观细节、观反应、观动作。

第一个方面是观脸色,也就是微表情。一个人内心的喜怒哀乐都会从其脸部的表情中流露出来。通常,微表情最短的持续时间只有1/25秒,但它却是人们潜意识的外露,是人的本能反应,不受思想的控制,也无法掩饰。就算是城府再深的人,脸上也难免会显露几分内心真实想法的迹象。

第二个方面是观细节。观察那些不能用"想"来控制的刺激反应细节。比如说心跳加快、瞳孔扩张、汗液分泌等现象。这些反应全部由自主神经系统控制,很难或几乎不能进行人为控制。

第三个方面是观反应。观察那些一般不用"想"来控制的刺激反应。比如人类的习惯性动作和本能反应。长期养成的习惯性动作,下意识的就会呈现,也是很能说明人的思维习惯和个性特色的;本能反应,如遇到袭击时会自然地闭眼缩身,遭遇意外时会有短暂的静止,心里焦虑时会不自觉地吞咽口水等。

第四个方面,还可以观动作。观察那些用"想"来控制的动作,如各种可被控制的骨骼肌运动,也是具有一定的观察价值的。可以通过观察这类动作来判断人们想要表达的内容。尤其是当这类动作与前文三个方面所承载的信息出现冲突的时候,可能正好反映出对方想要隐藏或掩饰的信息。

其实,在日常生活当中,很多矛盾和隔阂都是缘于人们对交流对象的错误判断。这种误会或者不理解,使人际关系变得越发复杂。如果你懂得识别各种微表情和体态语言,就能很好地洞悉对方的内心,能轻松走进对方的心里,解密对方真实的内心世界,在相处时把话说到心坎儿上,适当时能成人之美,人际关系自然能如鱼得水。

对于脸色的观察也是重点。

场景一:男女朋友在餐厅吃饭,男朋友问对方吃啥,女朋友说随便。男朋友提议吃西餐,女朋友说不行,她比较喜欢中餐;男朋友说那就吃火锅,她说她怕上火长痘;男朋友说那就去吃甜品,她说,最近她长胖了好多呢!男朋友无奈地说,那吃啥呢,她说随便……

你想送份礼物给女朋友,问她想要什么,她说随便。这好不好?随便!那好不好?随便!多问几次,居然生气了。买好了礼物送给她,她却生气你买得太随便!

场景二:跟同事聊天,不仅动不动把天聊"死"了,完全冷场接不下去,还会莫名其妙就得罪了人!

其实,这些不愉快的质变结果,都是有有迹可循的量变过程的。如果在沟通的过程中,多关注一下对方的表情变化,也会有出现相反结果的可能。可以从眼睛、眉毛、鼻子、嘴唇等部位找到读心密语。

眼睛是心灵的窗户,与对方交谈时内心感受不一,注视对方的眼神也会不一样。眼神下移是对不自信的掩饰;偷偷斜瞟,表示很羞怯。眼球多方向快速转动代表着恐惧;眼神躲闪的人,很怕受伤害;眼球斜睨,是不尊重、不屑的表现;翻白眼通常是表示轻蔑。眼睛发亮的地方,就是对方兴趣所在;视线不偏离,说明对方对你足够重视;向对方挤眼睛,是表示默契。

眉毛也是表达情绪的重要部位。当眉毛呈八字倾斜,一般代表悲伤或内疚;如果眉毛下压紧绷,则表示不满或厌恶;眉毛高抬,是欣喜或惊讶的表现;眉毛半放低通常代表疑惑不解。很多影片中,我们会看到犯人招供时会出现将手放在眉骨附近,这是表示羞愧的一种下意识动作。

鼻子和嘴巴也能承载人的情绪。下意识地抹鼻子,一般表示言不由衷;鼻子歪向一边,不是表示不屑就是表示不信任;皱鼻子是厌恶时的反应;抬高鼻子表示一种傲慢的态度。嘴角上扬,是轻蔑的代名词;轻咬下嘴唇的人,正在被紧张所包围着;用力抿嘴可能是沮丧或者隐忍的表现。

懂了这些"密语"后,有些事可能就会变得简单了。比如约女朋友一起吃饭,你只需要把备选的餐厅及菜单截图发给她,然后细心观察她的表情,如果是厌恶或无感的表情,就马上否定掉,倘若发现她看到哪张图片眼睛一亮,那不妨大胆提议,相信你们之间会有一种心有灵犀的欣喜感。再比如跟同事聊天时,倘若对方频频显露出掩饰、躲避的表情,那就赶紧换话题,如果对方显得不自信或紧张,为什么不多给点赞美来鼓励对方呢?

仪态动作也可以是观察的重点。人们遇到有效刺激源后的第一反应一般是冻结反应。因为受到了意外刺激,一动不如一静,身体机能的首要反应会是减少动作,保持静止或减少"曝光率",稍作考虑后,再作出相应判断,采取下一步行动。冻结反应后,人们会根据下意识的情绪对接下来的处境作出以下四种反应中的一种:

一是战斗反应,指人受到外界刺激时表现出来的一种外向性、攻击性的行为或反应。

二是安慰反应,指为抑制强烈情绪和缓解焦虑不安而转移大脑注意力所产生的一系列小动作或行为。

三是阻断反应,指在面对感到受威胁或者不喜欢、不信任的事物而又无法逃离的时候,采取将自身和刺激源相互分隔的行为或反应。

四是逃离反应。它的本质是面对有威胁的刺激源,不愿意去直面而产生的自主逃离反应。作用是与刺激源拉开距离,一来避免威胁,二来有利于逃跑。

常见的冻结反应有:面部和身体僵硬,屏住呼吸或降低呼吸的频率,手脚拘谨,不知所措,脚放到椅子背后,保护脆弱部位等。减少"曝光率"也是冻结反应的一种表现,如低头、四肢紧贴身体、弯腰弓背等。

当人们想要清除威胁或挑战目标时,就会出现战斗反应。这种进攻类的反应有:脖子变粗,因为颈部肌肉紧绷,所以呼吸的力度加大,颈部两侧血管血液流动就会变多;紧握拳头,经验较少的人在这个时候,可能还会出现轻微的颤抖;眼睛紧盯目标,话语减少,即使说话也是说些简单词汇;挑衅的姿势和语言,如斜眼看对方、用手指向对方、咬牙、跺脚等。

当人处于恐惧、厌恶、不耐烦等负面情绪时或处于压力下想要隐藏自己的情绪时,可能会出现安慰反应,主要有:一是视觉阻断或视线回避,包括头转向其他方向、眼睛看其他地方、手遮住眼睛、揉眼、频繁眨眼、闭眼等;二是皮肤触摸,包括摸额头、鼻子、脖子、颈部、头发等动作,男性较多摸脸,女性较多摸颈部、颈窝、头发;三是口唇动作,包括磨牙、咽口水等,如果吸烟可能吸得更猛,嚼口香糖则可能频率更快。

阻断反应有:双手抱臂、耸肩、遮挡或隐藏身体薄弱部位、遮眼、耳、嘴等。

当人们处于恐惧、厌恶、愤怒等情绪或处于压力下,冻结、安慰反应无法消除且有条件离开时,人们可能会出现逃离反应。比如脸色发白,这是因为血液往腿部流而导致其他部位缺血;身体或头往后倾或转向其他方向;脚一前一后;眼神飘忽不定,这点和安慰反应中的视觉上阻隔视线有区别,安慰反应虽然也是朝其他地方看,但眼神不会飘忽不定;坐着时手掌撑膝盖等。

循着"刺激—微表情表达—情绪反应识别—认知判断"的辨识路线,依据对对方神色和体态语言线索的辨识,就可以在一定程度上分析出对方隐藏的真实的情绪情感。

当然,仪态不仅是观察对方心思的切入点,优雅仪态也可以展现庄重的职场形象。

曾经听说过一个小故事,叶圣陶老先生有一次晚饭后跟儿子在书房闲聊,说到兴起,他请儿子把书桌上的毛笔递给自己。谁知,儿子随手递送后,就被父亲好好地上了一堂礼仪课。递东西是很能看出一个人素养的。要看一个人为人如何,素养怎样,善不善良,可看他习惯于如何递东西。如果他无论对谁、递什么,都习惯单手递,特别是左手递,就这样随便递,那么我们猜想他的修养一定不怎么样。而如果一个人在递东西的时候,总是用双手递,或至少是用右手递,那你就会觉得他是一个客气的人。倘若他在递东西时不仅使用双手,还特别注意,递有文字或图片的东西时,让文字或图片的正面朝着你,你会感受得到他的体贴和善良。因为他为了你的方便,特意做了调整,确保你拿到之后就可以直接看。

所以,在求职期间,一定要记得,递简历给面试官的时候,务必要正面朝对方,以显示出修养和素养。

那么,递剪刀该怎么递?应该是自己拿刀尖,把刀柄递给对方。

这样既可以避免对方因为不留神，被递去的剪刀误伤，也可以方便对方接过之后就直接使用。递笔也是一样的道理，可以想得更细一些，帮他人把笔盖先打开，让鼻尖对着自己递出，方便对方，也显示出自己的涵养。

有两种站姿是求职和职场大忌。一种是双手叉腰，双腿分开，这种站姿一般被称为"好斗型"站姿。喜欢采取这种站姿的人，往往是脾气比较急躁，人也比较争强好胜。第二种是双腿交叉，双手胸前抱臂，称之为"冷漠型"站姿。喜欢这样站的人，一般自我防护意识较强，总是害怕别人伤害自己，就时刻采取一种保护自己的姿势，但也因此与他人在心理上隔离开来，表现出一种冷漠的样子。

在职场要注意，站立时尽量做到头正目平，面带微笑，挺胸收腹提臀。重点是手和脚的姿势：

男士可采取 V 形站姿，这种站姿的动作要领是，脚后跟并拢，两脚尖成 45 度到 60 度分开。这种站姿脚位可以使男士显得沉稳挺拔。也可以双脚平行分开，但不能超过自己的肩宽。这种站姿脚位可以使男士显得自信从容。手可以选择自然下垂放在身体两侧以彰显男士的淡定气度，也可以双手背在背后，显得权威而严肃，或者在腹前搭握显示出男士的内敛稳重。

女性脚部也可以呈 V 形，动作要领是脚后跟并拢，两脚尖成大约 45 度就可以了。也可以站成小"丁"字步。也就是一脚在前一脚在后，前脚的脚后跟在后脚的弓形处。双手可自然下垂或者在腹前搭握。

小"丁"字步被认为是最优雅的女性站姿。因为女性站立时以腿并拢为美。但由于我们大腿和小腿的粗细、形状不同，所以膝盖以上的部位必须并拢，这是优雅站姿的基本标准，但膝盖以下很难并拢。而小"丁"字步站姿可以使人从视觉上产生并拢的感觉。

在求职环节中，还可以注意站立的位置，选择对的位置，可以给人留下好的印象。去前台或是工作人员处咨询面试流程时，应该将脚部停在办公桌前，正面面对对方站立，切不可绕到别人的办公桌后面，站立在工作人员的身后。如果没有办公桌加以阻挡，也不可站得离人太近，侵入和并不熟悉的工作人员之间的亲密距离内，这样做容易引起对方下意识的反感。一般保持在 50 厘米左右的距离比较合宜。

在作自我介绍时，可以考虑从座位上站起来，让自己的声音更有气势，这样显得更自信和有气场。在说话的过程中，还可以附加一些恰当的手势，如双手打开做拥抱状，这样可以使自己的介绍显得更坦诚，更让人信服。

另外，还可以关注在站姿基础上衍生出的指引和鞠躬。有人平时喜欢以食指指人，说得不好听，这叫指指点点，大有指责训斥之意。当在指人或者为他人指引方向时，应该保持基本站姿，手势动作为大拇指略分，四指并拢，掌心略微朝上，来加以指示。

鞠躬传递的是一种敬意或谢意，因此在基本站姿的基础上，要从腰部开始慢慢往下鞠躬，速度一定要稍慢，这样尊敬或感谢的意味才能得以彰显。

不雅的坐姿会使形象大打折扣，不合时宜的坐姿也会影响求职过程中或职场中的形象。过于自在的坐姿，优点在于可使男性显得自信而从容，缺点却是如果用于求职之中则显得过分傲慢，显得对面试官不够尊重。男士可在此基础上稍作改善，如两腿分开的程度不超过自己的肩宽。

交叉腿坐姿即两腿在脚踝处交叉。男性一般喜欢大腿分开，女性会习惯膝盖以上部位并拢。这种坐姿使人显得冷淡，防护性强，排斥、抵触对方，不够热情，求职过程中和职场中都应该尽量避免。

胆怯腿坐姿是一腿回收，另一腿下意识地略向前伸，脚尖朝外，如此一种打算随时逃跑的感觉会显而易见。一般配合的手部动作都是紧紧握住扶手或是紧握随身的包，在没有扶手和包的情况下，也可能是双手紧紧相握。这种坐姿一看就知道非常紧张，缺乏自信。

"4字型"二郎腿。这种坐姿相对不雅，而且充满了好斗的挑衅意味，非常不礼貌。

还有过于拘谨的冻结腿，整个人像被冻结了一样，硬邦邦的，严重缺乏自信。这种坐姿也是面试中常见的错误坐姿。

有一类人个性比较霸气，下意识地喜欢占空间、抢领地，站着说话的时候可能喜欢手舞足蹈地打着较大的手势，坐下之后也习惯把腿前伸，占据更多的空间，这种情况被称为领地腿。这样显得缺乏素养，不够尊重对方。

入座后，如果椅子前没有桌子，那么手就自然地放在膝盖上。如果前面有桌子，那手应该放在桌子上。可以双手自然放置，掌心向上，显现出友好坦诚，表明自己无所隐藏，倾心相待；或是呈尖塔型、半尖塔型、交叉竖指型，这类手势是表现自信的经典动作，会显得求职者更为自信沉着，对自己的表现比较满意。切不可不停地搓动手掌和掌心、交叉手指紧握双手、抚摸颈部或鼻子。这些都是一种下意识的自我安慰行为，是很多人出于压力或过于紧张时常做的行为，会显示出面试者的不安。在与面试官交流时可以面带微笑，身体稍微前倾，显得更为谦逊有礼。

下篇
"四维"礼仪教育教学改革

一、"行业"礼仪维度

"行业"礼仪维度是指从学生将要从事的行业出发,研究不同行业对于礼仪需求存在的差异,基于需求导向,以学生为中心,从学生的专业、职业、就业的角度去思考问题,了解需求与痛点,从而使得礼仪教育更具有针对性和实效性。以下以市场营销专业拜访礼仪的实践教学设计为例,结合商务人员的个人形象塑造,来谈礼仪在商务拜访中的重要作用和拜访礼仪的技巧,以及高校商贸人才礼仪培养的问题和策略分析。

(一)市场营销专业拜访礼仪的实践教学设计

拜访,是常见的一种社交形式,是人们联络感情、扩大信息来源、增进友谊、沟通关系的有效方法。但拜访亦是一把双刃剑,正所谓有礼走遍天下,无礼寸步难行。只有在拜访时注意拜访礼仪,才可能宾主尽欢,倘若不讲礼仪,反倒会出现割袍断交、老死不相往来的不良后果。因此,拜访礼仪的学习有其必要性,尤其是对于日后致力于从事营销工作的市场营销专业的大学生而言。

1. 拜访礼仪对市场营销专业的重要性

中国台湾"经营之神"王永庆 16 岁时在父亲的帮助下，开了一家很小的米店。但开张之初米店的经营很不顺利，因为城里的居民都喜欢在熟识的米店里买米。针对这样一种情况，他主动一家一家地拜访附近的居民，一户一户地说动人家试吃他的米。此外，他还注意收集客户的用米情况和库存量，估算快吃完时，就主动送米到客户家中，并主动把缸里的陈米掏出来，把新米放在陈米的下面。经过这样一种细致入微的商务拜访和贴心服务，王永庆的米店经营情况得到了改善，营业额远远超过了同行。

从以上案例可以看出，合礼拜访在自身及企业形象的建立、业务开展、客户维护等方面均有着积极作用。

（1）拜访礼仪有利于自身及企业形象的建立

企业的形象，往往体现于每一个员工的个人素养之中，尤其是身处工作一线的营销人员。得体的外在形象、彬彬有礼的言谈举止、热情耐心的工作态度，都可以让自己以及整个企业的形象真实可感并得到客户的认可和肯定。

（2）拜访礼仪有利于为业务开展奠定基础

试想，如果王永庆在拜访中不注重个人卫生，在去居民家拜访时，给人展现的不是干净整洁的个人形象，而是满脸油污、头皮屑清晰可见、手指甲肮脏不堪，那么即便是他主动把米送到居民家中，恐怕也会被拒之门外。稳重得体、谦虚有礼的营销人员更易给客户带来心理上的好感，而这种积极的评价亦会为业务的开展奠定良好的心理基础。

（3）拜访礼仪有利于维护客户

拜访就交际目的的不同可以分为三类：事务性拜访、礼节性拜访、私人性拜访。营销人员可以根据与客户交际的程度及交际目的不同，循环采用这三种不同的拜访形式，从而与客户建立较深厚的感情，做好客户维护工作。

2. 市场营销专业拜访礼仪的实践教学重点

在对市场营销专业拜访礼仪的实践教学进行设计时应该紧扣合礼预约、着装有礼、携礼而至、为客有方、有效交流等方面需要掌握的重点内容。

（1）合礼预约

预约是尊重自己和他人的表现，是管理自己和他人时间的一种方式。通过预约，让对方感受到你对他的尊重，不仅可以让他更好地、合理地安排自己的时间，也会让拜访者在拜访过程中受到更多的礼遇。

预约是拜访的前奏，是拜访中的关键一环。在时间、地点等关键拜访要素的确定上时时刻刻尊重主人的决定，分分秒秒做到客随主便的预约，可以为即将如期而至的拜访奠定情感基础。

（2）着装有礼

选择合乎拜访场合的服饰，以及对自我仪容服饰加以修饰，均可以体现对被访者的尊重。如前往客户办公室的事务性拜访，则应选择正式的西装或职业套装。如果是休息时间到客户家中进行礼节性或私人性拜会，则可以选择稍微休闲或能体现个性的服饰。

（3）携礼而至

去客户家中拜访时可以考虑携带一些精心选择的小礼物。一份投其所好、予其所需的小礼物既可以体现出拜访者对主人的尊重，又可以反映出对客户的关心和了解程度；一份新颖独特、富含心意的小礼物在让主人眼前一亮的同时，也能让客户感受到拜访者的真诚。

（4）为客有方

到客户办公室或家中拜访时，务必注意自己的言行举止。粗俗无礼的行为不仅让客户对营销人员产生反感，还有可能会令客户对营销人员所在企业失去信心。而如果从敲门或按响门铃开始，到拜访结束的整个过程中，营销人员均能彬彬有礼，端庄得体，细心体贴，不强人所难，则可以为自己和企业都塑造良好的形象。

（5）有效交流

在交流的过程中，选择合宜的话题，尽量避开客户不愿意触及的个人隐私和公司机密。细心观察，多找出一些客户值得赞美的地方；把握时机，真诚而又热情地赞美客户。提高交谈效率，控制拜访时间，尽量在半小时之内结束拜访，尤其是在发现客户不经意地表露出逐客信号时，拜访者应带着宽容的心主动提出告辞。

3. 市场营销专业拜访礼仪的实践教学设计

拜访礼仪涉及的范围较广、知识点较多，在有限的学时里进行教学设计时，既要避免胡子眉毛一把抓、重点不突出，又要避免遗漏一些关键的内容。此外，还要注意教学的实效性，如果选用灌输式、填鸭式、说教式的教法，只会令学生徒添反感之心。因此，在进行教学设计时可以结合拜访礼仪的实际情况，采用"视频＋讨论"的实践教学方法，逐层深入地引导学生学习。笔者在多年礼仪从教经验的基础上，对该内容的教学设计做出如下探讨：

（1）视频吸引，放大细节，展示问题

教师可以有针对性地写好礼仪视频脚本，选择部分有表演天分的学生组成一个小组，按照脚本，在教师的指导下进行视频拍摄。这样拍出来的视频可以完全符合课程设计的需要，涵盖面广，且占用的时

间较短。

如以"小芳的业务拜访"为题编制一段视频,充分展现营销人员小芳在去客户家中拜访时,由于没有提前预约给客户带来的困扰,以及其在拜访过程中,随意放置尚在滴水的雨具、胡乱摆放沾满泥水的鞋子、毫无礼数的站姿坐姿、过于性感的着装、眉飞色舞的表情、强行闯入主人卧室、毫无顾忌地翻箱倒柜、八卦十足地揭人私隐等行为,给客户带来反感,还有小芳迟迟不肯告辞给客户带来无奈等场景。通过同学们惟妙惟肖的表演,以视频的形式呈现给其他同学,作为课程开端时的导课。让同学们在哈哈大笑的轻松氛围中,感受到这些被放大了的失礼细节。

(2)集思广益,展开讨论,解决问题

在拜访礼仪这一章节的知识点里,很多都非常琐碎但极具实用性,这些知识与其由老师苦口婆心地来讲,还不如引导学生通过讨论自己得出来得有效。在以视频为课程导入后,教师可以归纳出一些有针对性的问题,要求学生分成小组,每一个小组对其中一个具体问题进行讨论后得出相应对策,并请其他小组对该组提出的对策进行点评和反驳,在此基础上及老师的提示下,进行第二轮讨论,直到大家均觉得该对策着实有效为止。如:

问题 1 小芳该如何做好预约?(提示:预约的方式、预约的内容、预约的话语表达等)

问题 2 小芳在仪容仪态方面应该注意哪些问题?(提示:结合拜访场合、主人办公室或家里的布局等实际情况)

问题 3 你建议小芳选择哪些礼品及应有哪些礼仪?(提示:礼品的选择、礼品的包装、礼品赠送的时机及动作语言等)

问题 4 你建议小芳怎样做到上门有礼?(提示:敲门、问好、换

鞋、收好雨具、客随主便等）

问题 5　你建议小芳应该如何跟主人交谈比较合宜？（提示：交际空间的选择、交流话题的选择、赞美的艺术、告辞的时间等）

设计的问题难度适中，覆盖面广。将同学分成对应的小组，每个小组选择一个问题展开讨论，最后由一位同学进行汇报。有时候同学们初轮讨论即可以得出较佳方案，还有些时候，同学们受到生活阅历、视野等的局限，需要在老师的启迪下得出较佳答案。如在对礼品的选择、赞美的艺术等较大话题的学习探究上，教师可以做出一些指导。而类似于雨具的收放这类细琐的小事，在同学们的讨论结果的基础上，教师直接建议可以携带折叠伞，在进门前稍微处理擦拭后，提前先收入预先准备好的塑料袋并放入随身包中，这样能自行处理的事，就绝不给主人带来任何困扰和麻烦。在讨论过的基础上来讲授，即使是极为琐碎的知识点，也能使同学们留下深刻的印象。

（3）趁热打铁，鼓励学生知行统一

在通过"视频＋讨论"实践教学模式的教学后，学生对拜访礼仪中要注意的大大小小的礼仪知识点均有了较好的掌握，教师应在此基础上，鼓励学生积极践行拜访。可以以布置项目任务或课后作业的方式要求学生去其他老师办公室或亲友家里进行拜访，拜访后结合实践课所学到的知识，以及在拜访过程中的切实体会撰写拜访心得或个人鉴定，对自己在拜访中的综合表现进行归纳，给予评价，并请主人作简要鉴定。此外，还可以对学生们提交的心得或鉴定进行评比，并有针对性地请获优秀心得鉴定的学生谈谈自己在拜访中的感受，进一步将拜访礼仪的学习落到实处。

（二）商务人员的个人形象塑造

形象，是人们通过视觉、听觉、嗅觉等多种感觉器官感知某种事物,并形成关于该事物的整体印象。个人形象即人们对于某个个体所产生的整体印象。个人形象以个人本体为基础,但两者并不完全等同。因为个人形象是形象地感知主体后主观化的产物,同一个人由不同主体感知后定位可能近似,但亦可能存有天渊之别。个人形象虽一定程度上受感知主体的审美情趣、文化品味、生活阅历等多重因素影响,但是个人作为形象感知的客体,仍可以以个人的仪容服饰、仪态举止、声音、气味等为载体,主动作用于形象感知主体而形成或改变感知主体大脑内的整体印象。这一过程,我们称之为个人形象塑造。

1. 商务人员塑造良好个人形象的重要性

良好的个人形象是成功者的必备条件,对于商务人员来说尤其重要,它不仅是商务人员展现自身良好工作态度的载体,是增添自尊自信的砝码,更是商务人员获取他人尊重的有效辅助,是商务人员所隶属的企业塑造良好企业形象的必要前提。

(1) 良好个人形象是商务人员展现工作态度的载体

很难想象,一个拥有端正工作态度和远大志向与理想的商务人员,在与客户、领导和同事沟通交往中,会完全不顾及自己的个人形象。时常蓬头垢面、服饰不整、举止不雅、粗声大嗓的商务人员对工作的态度也不一定端正。

(2) 良好个人形象是商务人员增添自尊自信的砝码

在商务交往中,良好的个人形象是商务人员自我尊重的体现,是其认可自我、强调自我的体现。不仅如此,通过认可并加以有意识的改善,也即塑造个人形象的过程,商务人员会因进一步得到认同而增强自尊和自信。

(3) 良好个人形象是商务人员获取他人尊重的辅助

事实证明,即使古训有云"人不可貌相",然而整洁而适宜的服饰、整齐而协调的搭配、文雅而得体的举止、温和而有度的谈吐在初次交往中始终能容易赢得别人的尊重。因此,商务人员在工作场合,想要更迅速地得到客户的认可和尊重,良好的个人形象是必不可少的。

(4) 良好个人形象是商务人员塑造企业形象的前提

员工是企业的组成元素,员工的形象和企业形象密不可分。商务人员的形象折射着企业的文化品味、企业制度和经营理念等多方面的特色,是企业形象的直接体现和有效载体。因此,商务人员良好的个人形象是建立良好企业形象的必要前提。

2. 商务人员良好个人形象的审美标准

论及良好的个人形象,始终离不开一个"美"字,对于个人来说,美是对个人形象的最佳肯定。然而美的表现形式多种多样、数不胜数。清纯脱俗是美,妩媚娇艳也是美;热情奔放是美,含蓄内敛也是美;盛装华服是美,朴素自然也是美……仅白居易笔下的杨贵妃就不仅呈现出"云鬓花颜金步摇"之华丽美,"回眸一笑百媚生"之妩媚美,还呈现出"梨花一枝春带雨"之自然凄清之美。

那么,对于商务人员来说,究竟什么是评判良好个人形象的标准呢?显然,以上列举的种种美,都并不适合商务人员的工作状态和形象。不同时期、不同场合、不同职业的人具有对美的不同解读,总而论之,应追求"适宜的美"。商务人员在工作场合要注意以下几个方面:

(1) 在仪容服饰方面,强调"洁""整""精"

感知主体对商务人员形象的最初定位,很大一部分来源于对商务人员静态外观的视觉感受的解读和处理,因此,要塑造良好的个人形象,商务人员务必要注意自己在仪容、发式、服饰等方面给人的感觉。

"洁"主要是指洁净。要注意仪容卫生,头发干净、服饰整洁,不能面泛油光、胡子拉碴、指甲乌黑、头发蓬乱、衣服不洁。

"整"主要是指整齐、有整体感。头发要梳理整齐,服饰要穿戴齐整。另外,还要有整体感,也就是整体协调。发型与脸型相互协调,发型与服装相互协调,服装与饰物相互协调,服饰本身相互协调,使之浑然一体。

"精"主要是指精神、精炼。商务人员展示出的个人形象应是精神抖擞、精力充沛的。此外,在服饰的色彩和款式选择方面要少而精。

(2) 在仪态谈吐方面,强调"雅""温""度"

随着商务活动的逐渐深入,交际双方对彼此的观察会越来越全面,因而了解也越来越深刻。商务人员的仪态举止和话语谈吐都会直接影响对方对自己的印象和评价。

"雅"主要是指文雅。商务人员不能乱使用粗词秽语、不雅动作,其举止动作和交谈用语都应尽可能的文雅。这样,不仅能凸显自己的深厚涵养,也能反映出对交往对方的尊重。

"温"主要是指温和。商务人员的举止要能体现出与人为善,而不应使用一些表达强硬、强势的肢体语言。在交谈时,无论是语气、语调还是词语的选择都应以温和为标准,尽量减少不必要的言语冲突。

"度"主要是指适度。商务人员在公务交往中,表情、举止和语言都应该适度,不应过于夸张或卑谦。表情真挚而不过度热情、含蓄而不过度冷淡,举止恭敬而不过度卑微,语言谦虚而不过度迂腐。

(3) 遵守共性，突出个性

商务人员的形象，有以上一些共性的要求，是源于社会人士对于商务人员群体形象的解读与定位，商务人员要塑造良好的个人形象，就必须严格遵守人们对其共性的定位规则。从另一层面而言，商务人员均是独立的个体，倘若千人一面，则会缺乏个性，那也就谈不上良好的个人形象了。因此，在公务活动中，商务人员也同样要注意在遵守共性要求的前提下突出个性，展示自我风采。

3. 商务人员塑造良好个人形象的步骤和策略

商务人员要塑造良好的个人形象，除了要提高对形象设计的认识水平，正确理解形象塑造对其事业成功的重要意义之外，还必须了解形象塑造的基本规则，有针对性地对自身的个人形象加以改善。商务人员应按照以下几个步骤进行形象塑造：

(1) 客观认识自身形象，有的放矢改善形象

形象，因其是作用于视觉、听觉、嗅觉等多种感觉器官，因而主要是由个人的动作举止、服饰发型、仪容五官、音质用语、身体气味等方面综合而形成。这些因素可以分为两种，一种是可以彻底加以改变的，可以称之为可变因素，如服饰发型、动作举止，区别只在于改变所耗时间的长短。另一种是难以彻底改变的，可以称之为固有因素，如脸型和五官，如不采用医学上的整容手术是很难彻底改变的，此外还有音色，但它们是可以适当改变的。

在我们进行形象塑造时，应对自己进行客观的分析，对于不符合商务人员形象标准的可变因素及时加以调整和改变，如服饰发型的商务化、专业化，举止动作的文雅化、温和化。

对于商务人员的固有因素，除按照共性标准进行适当调整和改善外,还可充分用于个性塑造。事实上,无论内在性格如何,外在的五官、脸型在很大程度上影响和决定着交往对象对商务人员的初步印象。实验表明,鹅蛋脸型者通常给人温和温柔之感,瓜子脸型者给人柔弱堪怜之感,圆脸型者给人易于接近、亲切可爱之感,国字脸型者给人的感觉则是刚毅坚强、雷厉风行,菱形脸型者给人聪明伶俐、颇有心机之感,由字脸型者易显严肃、有权威感,目字脸型者显得端庄稳重但感觉较难亲近。眼睛细长者给人颇有城府之感,眼睛窄圆者给人天真清纯之感;眼角上扬显得精明能干、神采飞扬,眼角下垂则觉狡黠多端、沮丧衰老。凡此种种,皆是深入接触之前,商务人员的固有形象带给对方先入为主的观感。

商务人员在进行个人形象塑造时,倘若能客观而清楚地认识、分析自己的形象特征,并且在符合共性原则的基础上,结合自身固有的特色加以适当强化或削弱,有的放矢地改善自身形象,不仅可以使修饰后的形象载体作用于感知主体时显得更为自然,也可在很大程度上突显自我特色和个人风采。

(2) 结合自身性格喜好,内外皆修塑造形象

不同的人有不同的审美情趣和喜好,有人喜欢精明能干者,有人喜欢亲切和善者,有人看重雷厉风行者,有人更看重端庄稳重者,而这些都可以属于商务人员的良好形象范畴。因此,商务人员在塑造个人形象时存在较大的选择空间。可以结合自身的性格和喜好加以塑造,符合自己的审美特征,不仅可以增强自信,更有利于得到同好者的赏识。

塑造形象单靠对外在形象进行修饰和改善是远远不够的,必须与提高素质相结合。一个人的外在形象是其内在修养的体现,即使能短时间地伪装,但如果接触时间稍长,次数略多,一些不自觉的行为举止就会慢慢显示出此人真实的修养程度,最终强化或减弱乃至彻底改变别人的看法。因此,内在修养的提升有利于商务人员良好个人形象的塑造。

(3) 与时俱进不断提升,持之以恒完善形象

社会在不断进步,人们对商务人员的形象要求越来越严格。在我国,早些年对商务人员的服饰要求除了总体的整洁干净、协调稳重之外,具体的要求并不太多。后来逐渐趋于完善,要求男士工作场合穿着制服或正装,并以"三个三"原则严格要求,即"三一定律""三色原则""三大禁忌"。近些年,不仅男士如此,商务女性的服饰也逐渐规范化、标准化,要求深色套装、套裙。因此,我们应不断更新观念、与时俱进,持之以恒地不断完善个人形象。

(三) 礼仪在商务拜访中的重要作用和技巧探析

商务拜访是营销工作中的一个重要环节,市场调查、产品推广、客户维护等环节都离不开拜访。成功的拜访有助于与客户建立并增进情感,有助于开辟与维护业务市场,有助于获取和运用各种信息。失败的拜访不仅起不到以上积极作用,反而会使拜访者个人和其所在企业的形象大打折扣,进而影响产品销售。

1. 礼仪在商务拜访中的重要作用

礼仪,作为一种行为准则,在工作和社交中起到重要的润滑剂作用。在一定程度上,礼仪可以直接影响商务拜访的成功概率,它在商务拜访中起着至关重要的作用。

(1) 博得好感,增加成功机会

商务拜访是开辟市场的一个重要环节,而在拜访活动中,客户对于拜访者的印象和感觉直接决定了拜访的成败和业务推广的机会。一个不守时间约定、举止粗俗轻慢、态度嚣张跋扈、言语乏味啰唆的拜访者很难得到客户的认可,即使其推广销售的产品确为佳品,亦会令人退避三舍,另作选择。而一个遵约守时、彬彬有礼、态度谦逊、善于察言观色之人更易博得客户的好感,增加合作成功的机会。

(2) 展现素质,塑造形象

内在的素质可以通过外在的行为举止、言语谈吐、仪容服饰等载体加以体现。在进行商务拜访时,拜访者倘若知礼懂礼,并能运用礼仪来规范自身言谈举止,选择能代表个人和企业形象并合乎礼仪的服饰,以传达对客户的尊敬和重视,不仅可以在塑造良好个人形象的同时展示自身素质修养,更能直接促成拜访的成功。

(3) 融洽感情,促进沟通

在商务拜访中若能关注礼仪细节,重视礼仪技巧,关心体贴入微、问候暖人心扉、称呼热情得体、言语生动精炼,则自然会逐渐加深与客户的感情交流,使双方感情更为融洽,更能让客户如逢知己,话语投机,畅所欲言。在融洽的沟通中自然可以收获更多更有利的信息,进一步强化拜访的效果。

2. 商务拜访中较易被忽视的失礼问题

随着商务拜访日益增多,人们也越来越重视礼仪在商务拜访中的重要作用,拜访者在言谈举止方面也不断改善强化,然而难免仍存有疏漏之处。商务拜访中常见失礼问题如下:

(1) 预约失当,影响拜访

任何一次商务拜访,被拜访者都会对其形成一个主观评价,即必须接待或可不接待。对于必须接待的拜访,成功的预约可以为随之而来的拜访奠定愉悦的感情基调。对于可不接待的拜访来说,预约既可以使被拜访者欣然应允,也可以使被拜访者冷漠拒绝,将拜访扼杀在摇篮之中。

部分商务人员忽视预约,直接无约而至,成为不速之客,令客户心烦厌恶。部分商务人员实施预约,然而态度生硬、语气强硬,如直言"我想于本周三下午三点去贵公司就某事拜访您",虽未忘礼貌用语,但犹如上级对下级般直接知会,并无协商,令人如鲠在喉,反感不快。部分商务人员过于进取,在预约中遭拒不懈,死缠烂打,反复提约,最终令客户避之不及。

(2) 亲切失度,过于随意

商务人员在拜访中为与客户快速建立较融洽的情感,有时候需要刻意主动打破两人之间的常规社交距离,拉近彼此间的心理距离。但有些商务人员不分对象,在拜访中无论是对外向随和的客户,还是对偏内向传统的客户,一律亲切有加,宛如多年老友,频繁调整为好友间的亲密空间距离,在言语举止上也毫不见外,过于随意,明显失度,这将引起客户反感,影响拜访效果。

(3) 耗时过长,适得其反

一次成功的拜访应该尽量把时间控制在半小时之内。有些商务人员在拜访客户时,或在拉近彼此情感上做过多铺垫,或准备不足导致介绍产品时语言不够流畅,致使拜访时间超过半小时了,主要目的还尚未达到,使拜访显得冗长,徒增客户不悦之感。有些商务人员在拜访客户时,或想反复强调,加深客户印象,或看交谈尚且融洽,便想乘胜追击。这样极有可能会适得其反,弱化拜访已产生的成果。

3. 商务拜访中需要注意的礼仪技巧

在一次成功的商务拜访中,礼仪技巧尤为重要,特别是一些人们容易忽视的细节。把握好以下礼仪细节,可以在一定程度上提升拜访质量。

(1) 委婉预约,尽显诚意

预约对于拜访的发生与否起着决定性作用,也在一定程度上影响拜访的质量。因此在实施预约时可考虑以下几种方式:

其一,提升档次法。一般情况下,客户会认为来拜访自己的商务人员职务越高,资历越老,说明其所代表的企业对自己越重视,档次也越高,拜访成功的可能性也越大。因此,职务较低、资历较浅的商务人员在预约时不妨多用此法,即告知客户,你是受公司某高层之托,代表该高层去拜访对方。这样不仅可以让客户觉得自己受到重视,更能使其对于你在公司里的地位和话语权有较好的联想,有利于提升拜访的成功率。

其二,客户决定法。虽然预约是由拜访者主动发起的,但是这并不代表拜访者在预约和拜访中就占有主动权。事实上,有经验的拜访者经常在尽力促成拜访的同时,适当地将拜访的时间、地点等因素的决定权交给客户。多用些"您什么时候比较方便""您近几天何时有空"等语句会让客户觉得主动权在自己手中,感觉自己是受到尊重的。

其三,迂回预约法。如果有些客户以近期很忙,没有时间为由拒绝拜访者的拜访,那么不妨采用迂回预约法。也就是首先确定一个较远的时间,这样可以减少客户的抗拒心理。然后在距离该时间较近的某一天致电确认。当然确认的结果极有可能是遭到拒绝,但是在此基础上再提出预约,约个较近的时间成功率会高许多。

(2) 彬彬有礼,注意形象

在商务拜访的过程中应始终给客户展示彬彬有礼的整体形象。在具体拜访的过程中,可以遵循以下方法:

其一，品味彰显法。以得体合宜的外在形象和稳重谦逊的内在涵养来彰显自己的品位，给人以良好印象。深色的西服套装搭配黑色的皮鞋，并以袜色作为过渡，以浅亮的衬衫相配来提升商务人员的精神状态，配之以与衬衫西装两色相同色系的斜纹领带，全身色彩协调，使人显得神采飞扬。再以自信稳重的仪态动作、亲切和善的面部表情、专注热忱的眼神交流、生动幽默的话语特色来塑造内外合一的良好形象，将令客户的好感油然而生。

其二，适度亲切法。对于初次见面或见面次数不多的客户，商务人员在拜访时可以通过一些公关技巧巧妙地拉近彼此之间的距离。但是必须因人而异，点到即止，切不可故作熟悉，任意妄为。亲切自然的交际之道和客随主便的拜访之礼必须同时加以体现。

(3) 有效沟通，适时告辞

拜访时间以半小时为佳，时间过长有时反而会弱化拜访效果。因此，在拜访的时间控制方面需要注意以下两点：

一是准备充分，言之有物。对于自己推广的产品和拜访的目的有清楚全面的把握，提前准备好沟通的思路和各类所需材料，确保拜访时在做完必要的情感铺垫后即可条理清楚、言语精炼地陈述主题。

二是注意信号，适时告辞。半小时仅是常规时限，有些由于一些突发事件，或因交谈中出现意料之外的障碍，客户频繁出现看表、更换坐姿等下意识举动时，商务人员应主动提出告辞，给客户留下善解人意而非难辞之客的最后印象，为下一次拜访打好基础。

（四）高校商贸人才礼仪培养的问题和策略分析

礼仪既是我国的一种受人推崇的传统美德，又是国际交往中必须知晓和遵守的交际规则。对于企业来说，礼仪不仅有助于企业塑造良好的形象，还可以提升企业的经济效益。对于个人来说，礼仪不仅可以促进人际交往，还可以提升个人的修养和境界。商贸礼仪是礼仪的一个分支，用于提升商贸人才的礼仪素养和商贸职业礼仪技能，对于商贸人才的形象塑造、业务技能的提升、人际交往的和谐等方面都有着至关重要的作用。

在人们日益关注商贸礼仪重要性的同时，提升商贸人才礼仪素养的方式和策略研究也成为一个越来越重要的课题。目前，商贸礼仪主要是通过高校商贸专业开设商贸礼仪课程和企业对商贸人才进行礼仪培训这两种方式进行。这两种方式根据性质和功用的不同，应该各有侧重。

1. 高校商贸礼仪培养的特色定位

职场商贸礼仪培训更具有针对性和实用性。它一般是由专业的礼仪培训师通过对某企业、某岗位的现实问题进行诊断，给予专业建议，围绕实际展开，有很强的实用性。但是礼仪修养的提升毕竟是一个较长期的渐进过程，短期的密集式礼仪培训对于商贸人才的内外兼修有一定的局限性。

相比较而言，高校商贸礼仪培养应更具有理论性和指导性。高校课堂教育方式的优势在于时间较长，便于商贸人才礼仪素养的不断培养和提升。对理论进行系统学习也有利于建立商贸礼仪认知结构体系，以指导日后的工作实践。从大学期间进行商贸礼仪学习，有利于弥补职场商贸礼仪培训的不足，使商贸专业人才奠定扎实的礼仪理论基础，培养良好的道德情操，内外兼修，从而在日后工作中能运用理论解决实际问题，或通过有针对性的短期职场培训深化商贸礼仪的功用。

2. 目前高校商贸礼仪培养的问题和原因分析

就目前商贸礼仪在高校教学中的现状来看,商贸礼仪培养的实效性欠佳,呈现出流于形式的倾向。究其原因,主要是因为高校商贸礼仪教学功利性过强。在商贸礼仪培养过程中,受其功利性的影响,教育者致力于提升商贸职业礼仪技能本无可厚非,但倘若过于偏重,而全然忽视商贸礼仪培养目标中所强调的职业道德修养和社会公德培育,使礼仪技能缺乏道德基础,则会致使商贸礼仪培养过程呈现低效性。

商贸礼仪属于礼仪的一个分支,因此必然具有礼仪的基本特征。从标准和要求上讲,礼仪需要受到三个方面的限定或约束:情感真、道德善、形式美。任何一种礼仪行为,必然是抽象的道德原则受到时间、地点、人际关系定位、工作环境约束等现实因素的影响,转化为对受礼对象的具体情感,因情感的驱动而产生的行为举止。一种合乎礼仪的行为,必须以真情实感为内容,以崇高道德为底蕴,以美好行为为形式。

一方面,由于礼仪所表达的道德底蕴是抽象的,所承载的真情实感是无形的,若想将其准确地传递,需要借助美的行为。而美的行为一旦产生,便具有一定的独立性。也就是说,最初美的行为是由于道德和情感驱使而产生的,但是一旦它形成并取得了良好的交际效果,就可能会被自己或他人所肯定、推崇并且加以效仿。而在效仿的过程中,美的行为是可以不与道德情感相联系而直接被简单复制的。虽然此时它只是属于"伪礼",但从单次的行为本身来看,是很难加以区分的。这是商贸礼仪教学功利性过强的可行性基础。

另一方面,当前商贸专业大学生中有很大一部分人受到各种现实原因如就业压力的影响，更看重商贸礼仪在人际交往和求职就业中的实用功能。认为在培养礼仪行为时道德修养未同步提高并不影响实效，不愿意花时间和精力在"德"的提升上，只是把商贸礼仪当作简单的技术性的技能规则加以掌握。这是商贸礼仪教育呈现功利性教学误区的直接诱因。

商贸礼仪的教育培养也以相互联系的礼仪规则为形式载体，以高尚的道德情操为内涵。若缺乏道德内涵，具体的礼仪规则将成为取巧的花招，没有什么实际意义。过于功利的商贸礼仪教学最终必将无法满足商贸专业岗位的礼仪要求。

3. 高校商贸人才礼仪培养的策略

为了提升高校商贸人才礼仪培养的实效性，我们应该在以下四个方面下功夫：

（1）观点明，理解重要性

职场礼仪培训中，专业礼仪培训师通过调研后针对本企业本岗位的实际问题编写课程大纲，培训具有鲜明的针对性，因而范围较为狭窄，功效也立竿见影。而高校商贸礼仪培养有别于职场礼仪培训，它致力于较长期的培养，并针对整个商贸行业，因而范围较宽泛。但由于一些礼仪规则的学习和使用之间存在时间差距，因而功效也相对薄弱。正因如此，如果对于高校商贸礼仪培养定位不准，观点不明，很容易使学生忽略其作用，认为商贸礼仪培养可有可无，与其浪费时间在高校学习，不如在工作后通过短期培训解决实际问题。

这一看法源于对商贸礼仪根本要求的误解，认为其仅仅是一种解决问题的手段或促进业绩的工具。事实上，商贸礼仪要长期发生功效，就必须与职业道德相联系。因此，高校商贸人才礼仪培养至关重要。虽然它针对性较弱，但是它更具有理论性和体系性，能够帮助商贸人才组建礼仪修养和礼仪技能的内外层架构，使其真正产生功效。

（2）底蕴足，突出道德性

商贸礼仪教育教学的最终目的是让商贸专业大学生成为高素质的专业人才，这就需要他们既能掌握各类职业的礼仪规范，又具备良好的职业道德，以促进对礼仪规范的理解和正确运用。无论多好的礼仪规则都是依据人的性情而制定的。而且在实施礼仪教育时，具体的礼仪规范讲得再多，也不可能对工作的方方面面都无一遗漏地作出明确规定，只有培养学生良好的道德情操和对人、对事的尊敬态度，才能使之有礼地应对工作中的各种问题。

（3）范围广，建立体系性

商贸礼仪作为礼仪学科的一个分支，它既与一般礼仪有共性，又具有其特殊性。在对商贸专业人才进行礼仪培养时，应具有一定的行业针对性，但是也应该以日常礼仪为基础，提升个人的道德境界和礼仪修养。

因此，对商贸专业大学生进行礼仪修养教育时，应该以日后的职业环境为主，但也应考虑大学生的日常生活和学习环境。倘若忽视日常生活环境下的礼仪教育，过分强调工作环境下的礼仪教育，会使学生误解礼仪的真谛，直接导致商贸礼仪教育的低效。因此在高校商贸礼仪培养的体系安排上，应综合贯穿社会公共礼仪、家庭礼仪、校园礼仪和职场礼仪四个方面。

社会公共礼仪、家庭礼仪、校园礼仪和职场礼仪各司其职又相互约束、相互补充。在公共场所与家人、同学等相处时以公共礼仪为先，这样就不至于出现在大庭广众搂抱亲吻、为给家人抢占座位而不顾及身边陌生的白发长者等等不礼貌的行为。作为大学生,在个人形象和社会交往等方面应遵循学生礼仪,提倡大方朴素的仪容和着装、乐观活力的表情和仪态、尊师重教的学习态度、热情简洁的社交准则。作为职场人员时应遵循职业礼仪,提倡专业稳重的仪容和着装、含蓄优雅的表情和仪态、客户至上的工作态度、热情有度顺序准确的社交准则。

区分出不同场合下以不同身份所涉及的礼仪,不仅可增强礼仪的适用性,也便于对不同情况的礼仪标准作出合适的界定,增强礼仪规则的合理性,使人易于接受,也便于运用,必然在一定程度上提升商贸礼仪教育的实效性。

(4) 礼规适宜,强化实效性

高校商贸礼仪具有体系性,并不表示其礼仪规则要极为详尽具体,相反,倘若过于细致具体,还会在一定程度上影响商贸礼仪教育的实效性。礼仪是协调人与人、人与社会、人与自然的行为规范的总和,涉及面极广。如果对方方面面的行为规定过细,则势必会形成一个庞大的体系,令人望而生畏、不堪重负。如果定位过泛,又难免会各行其是、难达共识。倘若行为规范的标准过高,则会曲高和寡、难以执行,而标准过低,又不利于总体道德水平和礼仪境界的提升。

因此,在进行商贸礼仪教育培养时,应该根据商贸礼仪的根本原则和内容选择适宜的礼规进行教育,选择的行为规范应具有层次性,既有对日常生活和工作行为的常规要求作为下限,又有对行为的高标准要求为倡导和推崇的境界。对于限制性的礼仪准则可以细化,以确保商贸礼仪教育对商贸专业大学生行为的规范作用。对于提倡性的礼仪准则定位应当宽泛化,以便于道德境界较高的大学生选择。这样既可以有效控制礼仪规条的数量,简化商贸礼仪体系,又可以改善礼仪标准的质量,增强礼仪规条的可操作性,提升商贸礼仪培养教育的实效性。

二、"价值"礼仪维度

"价值"维度是从课程思政的教学设计出发,从根本上改变学生对于礼仪重"术"而轻"道"的倾向,不仅能使学生掌握礼仪的规范、技巧,也能使学生将之内化于心,明德尊礼,培养高尚的道德情操。本书以职场公务文书礼仪课程和服务礼仪课程为例,分析"三全""四色"的课程思政的教学改革探索与实践,并结合具体的BOPPPS课程思政教学设计和详细的课程思政教学设计教案,分析如何对"价值"礼仪维度的教学进行全面设计。

(一)"三全""四色"职场公务文书礼仪课程思政的教学改革探索与实践

职场公务文书礼仪课程旨在培养和提高学生书面表达与事务处理能力,以适应经济社会对人才的需求。课程在介绍写作基本理论和基础知识的基础上,系统讲授当前社会常用的职场公务文书礼仪知识与写作技巧,具有很强的实用性、可操作性和社会实践性。在新的时代背景下,职场公务文书礼仪课程建设面临许多新的挑战。课程思政是落实立德树人根本任务的战略举措,也是解决当前职场公务文书礼仪课程建设瓶颈问题的有效途径。2020年5月教育部印发的《高等学校课程思政建设指导纲要》明确了各类学科课程思政建设的目标和方向。按照《纲要》精神,进一步探索职场公务文书礼仪课程思政改革、重构职场公务文书礼仪教学内容、完善课程思政教学设计至关重要。

1. "三全""四色"职场公务文书礼仪课程思政的内涵

职场公务文书礼仪的"课程思政",就是立足于职场公务文书礼仪课程,将对职场公务文书礼仪的基础知识和基本理论的知识传授和培养写作者综合素养的价值引领有机结合,将立德树人的"德"转化为课程中的爱国主义与家国情怀、文化自信、工匠精神与爱岗敬业、理想信念、社会主义核心价值观等内容;就是通过职场公务文书礼仪教学过程转识为智、化识为德,实现知识能力学习和个体健康成长的和谐统一,以正确的价值观引领个人发展。

"三全""四色"职场公务文书礼仪课程思政是指在课程思政的视域下,探索职场公务文书礼仪的全链条、全过程、全方位的"三全"课程思政,将红、古、蓝、绿"四色"思政主线融入课程教学。

2. "三全""四色"职场公务文书礼仪课程思政改革的基本原则

(1) 坚持"三统一"课程思政教学理念

坚持价值性和知识性相统一、理论性和实践性相统一、显性教育和隐性教育相统一的教育教学原则。把写作小课堂同社会大课堂结合起来,在教会学生行文之理的同时引导他们理解为人之理、处世之道,感受国家的强大和时代的进步,最终使其成为具有广博知识和健康心智的合格的社会主义事业接班人。

(2) 落实"三全""四色"课程思政教学实践

以立德树人为根本任务,探索职场公务文书礼仪的全链条、全过程、全方位的"三全"课程思政教学。在教学大纲修订、教材选用、教学资源开发、案例选用与教学设计、考核评价等教学环节,做到全链条课程思政的贯穿。教学中应选取公文版式模板、时政要闻、政府工作报告、教育部工作要点、乡村振兴主题调研报告等高质量例文。

将红、古、蓝、绿"四色"思政主线融入课程的几大内容模块之中,做到全过程课程思政浸润;通过学习通 app、征文比赛、文学社团等途径,实现"线上＋线下""课内＋课外""第一课堂＋第二课堂"全方位的课程思政引领。

3. 职场公务文书礼仪课程思政改革的措施

(1) 精选教学内容,加大课程思政内涵的开发力度

通过体例重置、例文精选、环节重构,将写作的范文、写作规范、写作过程中蕴含的文化元素和思政元素全部呈现出来,引导学生树立家国情怀,坚定理想信念,坚持文化自信,坚守道德法规。

(2) 挖掘育人元素,融合"课程思政""核心素养"两种理念

将课程的教学目标和思政目标进行逐级分解,并行而有序、统筹协调地纳入到每个教学章节之中,使之形成合力,将价值塑造、知识传授、能力培养和学生的个人成长融为一体,保障思政效果落到实处。

优化教学方法,将思政内涵贯穿于整个教学环节。通过案例、情景教学法,将隐性思政元素和显性思政元素相融合,体现课程思政的感染力;通过体验教学法,将理论学习和实践检验相融合,将第一课堂和第二课堂相结合,彰显课程思政的影响力;通过线上与线下相融合,采用学生喜闻乐见的形式和内容,增强思政元素的亲和力。

融合红、古、绿、蓝"四色"思政元素的案例,打造课程思政优质教学资源库。一方面,立足于传统文化,挖掘文化资源案例。系统梳理和探究古代应用文中"修齐治平""经世济国"等具有社会责任感的资料,传承其对于当代职场公务文书所应承载的社会功能和教化作用的借鉴意义。另一方面基于中国共产党党史教育,挖掘红色经典案例。通过中国共产党在不同时期形成的应用文,激发学生的社会责任感,让学生感受祖国日新月异的变化,树立民族自信。此外,结合学生专业,挖掘职业道德案例,让学生了解本专业、本行业从业人员在职业实践中的行为规范和道德准则。

4. 职场公务文书礼仪课程思政改革的具体实施路径

(1) 确定"四色"目标

结合专业人才培养方案和本课程培养目标,确定红、古、蓝、绿"四色"课程思政目标。职场公务文书礼仪课程涉及文学、历史、经济、法律、政治等多方面的知识,其教学过程可以从不同的角度关联到广泛的人文知识领域。因此,在高素质应用型人才培养目标的指导下,将红色——爱国主义与家国情怀、古色——传统文化与文化自信、蓝色——工匠精神与爱岗敬业、绿色——乡村振兴与基层治理纳入应用文写作课程目标中,实现教书育人的真正目的。

(2) 挖好"两性"元素

结合课程内容和思政目标,从显性和隐性两个层面,深挖课程中的思政元素。显性思政元素主要包括职场公务文书礼仪中弘扬的社会主义核心价值观和反映基层文秘人员职业道德要求的内容,如嘉奖令、嘉奖通报、表彰决定中的先进人物和典型事迹,各类感谢信、表扬信中的感人事迹等。隐性思政元素主要包括职场公务文书礼仪文本的严谨结构、规范格式、朴实语言和实用文风,以及写作过程蕴含的法定程序、宗旨意识、反复修改、精益求精的要求等。具体见表1。

表1 职场公务文书礼仪的"四色""两性"课程思政元素梳理表

"四色"思政	对写作者职业道德的具体要求	写作内容中的思政元素（显性）	写作体式中的思政元素（隐性）	写作过程中的思政元素（隐性）
红色：爱国主义与家国情怀	热爱祖国奉献社会	嘉奖类文书：楷模、杰出贡献者的事迹等	公文的权威规范、严谨细致等	写作构思中对符合社会主义核心价值观的主题的把握和对材料的提炼等
古色：传统文化与文化自信	谦虚谨慎文明礼貌	礼仪类文书：请柬、聘书、祝贺词等	礼仪文书的文雅周全、温良恭敬；不同行文方向的不同语气等	对遣词造句的反复推敲等
蓝色：工匠精神与爱岗敬业	兢兢业业钻研业务	表彰决定、嘉奖通报中的模范人物、优秀事迹等	党政机关公文格式规范的细致要求等	撰拟文稿时，对相关数据和事实的反复核实等
绿色：乡村振兴与基层治理	实事求是勇于创新	基层的"粗心大意"或"奇葩公文"的反面事例	调研报告、计划总结的实事求是、准确严谨	按照领导要求，严格遵守文稿拟制程序，反复修改、精益求精等

（3）选定合宜的方法

在授课过程中，结合教学过程、课程特点与思政元素确定课程思政的教学方法。探索线上线下混合教学模式，通过讲授法、案例分析法、合作式学习、翻转课堂等多种教学方法和手段，全面关注学生的个性化成长需求，实现学生从"认知"到"内化"的过程。

（4）全面实施评估

全过程开展课程思政教学评估，借助调查问卷、平时练习、期末考试、第二课堂等环节，采用多元评价体系，将学生的态度、情感和价值观等内容纳入教学评价中，力图充分反映教师知识传导与学生价值观完善的契合程度，反映学生成长成才的真实情况和动态过程，完善课程考核评价体系。

5. "三全""四色"职场公务文书礼仪课程思政案例范例

案例一：深入调研，精心打磨——十九大工作报告诞生记

（1）案例对应章节的教学目标

对应章节：第一章　职场公务文书礼仪概述

知识目标：了解材料、结构的概念与种类；掌握收集与遴选材料的方法与原则；掌握职场公务文书礼仪结构布局的基本原则和技巧；掌握应用文的语言风格和语体特征。

能力目标：能严格遵守文书撰写程序，广泛、深入地进行调研，不断征求意见，收集与遴选材料；修改完善，优化调整结构；用语精炼，遣词造句符合文体要求。

思政目标：理解"经国之大业，不朽之盛事"的文秘写作的严格要求，为党和国家事业发展，能做到高瞻远瞩、从谏如流、精益求精。

（2）案例的主要内容

党的十九大报告起草过程体现了三个方面：一是调研征集材料时高瞻远瞩。80个调研组深入1 817个基层单位开展实地调研，召开了1 501次座谈会和研讨会，参会或接受访谈人数21 532人，形成80份专题调研报告。二是征求反馈意见时从善如流。共征求4 700余人的意见（详情略）。三是修改过程中精益求精。文件起草组对党的十九大报告共做出增写、改写、文字精简986处，覆盖各方面意见和建议864条。

（3）案例中的专业知识点与实施的教学策略

专业知识点：材料的收集与甄选。

教学策略：翻转课堂——通过课前探究和自主学习，了解十九大报告调研征集材料的具体情况。教师精讲——通过讲授，强调要点：

一是文章的观点和主旨需要从大量的材料中提炼出来。行文前可充分收集有关情况、数据、典型事例、过程背景等材料。可采取多种形式,如看文件、听汇报、召开会议、个别交谈、统计数据等。

二是要全面收集,不能顾此失彼;要准确真实,防止弄虚作假;要系统分析,疏理成文,不能浮于表面。

专业知识点:文章的结构布局。

教学策略:小组研讨——将十九大报告的精选章节打散,做出拼图排序游戏,要求学生在小组研讨的基础上完成排序任务,并汇报理据。通过合作和探究学习找出句与句、段与段之间的逻辑关系,感受结构之美。

教师精讲——以十九大报告中的段落为例,教授学生如何搭建文章框架,如何理顺逻辑关系,如何使用连接词和衔接语增强文章的内在联系。

专业知识点:应用文的语言风格和语体特征。

教学策略:小组协作——精选十九大报告中的重要语句,设置选词填空题目,通过协作学习选出恰当的词汇。

教师精讲——以十九大报告中的段落为例,教授学生如何推敲、斟酌语言,如何确保用语精准。

(4)课程思政案例使用的教学亮点和效果

用好隐性思政元素:本思政案例是职场公务文书礼仪隐性思政元素的集中体现。十九大报告及其诞生过程中的各种数据,足以说明文本的严谨结构、规范格式、朴实语言和实用文风,以及写作过程蕴含的法定程序、宗旨意识、反复修改、精益求精的要求等。通过学习本案例,学生对于写作者所担负的责任有进一步认识。

融合"四色"思政元素:本思政案例是红、古、绿、蓝"四色"思政元素的集中体现。选取十九大报告中关于共产党的历史使命、传统文化和文化自信、乡村振兴以及十九大报告的近两千处修改,作为"四色"思政元素的融入点。

落实"精讲多练"教学法:通过课前任务导学、课中游戏教学、课后拓展阅读等方式方法,辅以教师的精讲,将课程思政案例中的思政元素,以接地气的方法使学生认同和掌握,达到"润物无声"的教育实效。

教学效果——讲练结合,促进"三维"目标有效达成:本章节的内容属于写作基础知识和基本理论。就教学实践来看,较为突出的问题在于过于理论化,令学生觉得枯燥无趣,缺乏实用性。通过该课程思政案例的融入,一是让学生意识到材料、结构、语言以及反复修改的重要性;二是通过互动式教学法,将隐性思政元素和显性思政元素相融合,采用游戏教学、任务驱动等学生喜闻乐见的形式,增强课堂教学的实效,有效达成"三维"目标。

案例二:从"致哀"与"志哀"看国务院公告的言短情深——公告的写作

(1)案例对应章节的教学目标

对应章节:第三章 公告的写作

知识目标:了解公告的定义与使用情况,掌握公告的写作要点与语体特征。

能力目标:能按照给定材料写出一则合格的公告。

思政目标:理解公告这一公文文种所承载的国家形象与特定管理机关的权威性;能感受到公告写作者通过庄重的语体所反映出的对祖国和人民深挚的情感。

（2）案例的主要内容

国务院公告：2020年4月4日举行全国性哀悼活动

为表达全国各族人民对抗击新冠肺炎疫情斗争牺牲烈士和逝世同胞的深切哀悼，国务院决定，2020年4月4日举行全国性哀悼活动。在此期间，全国和驻外使领馆下半旗志哀，全国停止公共娱乐活动。4月4日10时起，全国人民默哀3分钟，汽车、火车、舰船鸣笛，防空警报鸣响。

2020年4月3日

（3）案例中的专业知识点与实施的教学策略

专业知识点：公告的写作要点与语体特征。

教学策略：设疑引趣——通过查询和自主学习，了解天安门广场下半旗的"致哀"与"志哀"，分别是针对哪些人。

小组讨论：① 为什么要为他们下半旗？

② 公告中是否有一个多余的字？

③ 能否从这则公告中读出深切的哀悼之情？如果能，从哪里读出来的？

④ 读完公告后，你知道2020年4月4日那天需要干什么吗？

教师精讲：通过讲授，深化认知，国院公告是国家形象的象征，其措辞语体是严谨审慎的。公告中无一字多余，但深情可感。一是可见党和国家把人民群众放在首位，才会以公告这一文种、下半旗这一仪式来志哀同胞；二是停止娱乐、全国默哀、警报鸣响这些要求均可见深情。虽仅100多字，但为什么、做什么、怎么做各要素齐全，指令清晰。

（4）课程思政案例使用的教学亮点和效果

好奇心引发自主学习：好奇心是最好的教师。以异于平常的"志哀"切入，引起学生的好奇，为什么不是经常看到的"致哀"，引发学生自主学习的行为。学生通过百度得知，有明确的对象则为致哀，无明确对象则为志哀。

问题引导价值构建：与其他明确了对象对国家巨大的贡献相比，这次志哀中的人物，他们有什么特征，为什么要国家给予因灾难、病痛逝世的同胞下半旗的礼遇？对这一问题的挖掘，很自然可以得出党和国家将人民群众放在首位；对"2020年4月4日那天需要干什么"这一问题的探究，自然会引起学生对遇难同胞的真挚情感和社会责任感。

挑战引领知识积累："一字千金"的悬赏挑战，激励学生对这100多字的公告逐字推敲，学习中感知公文的语体特征、公文的行文逻辑与文章结构。

教学效果：设疑引趣，促发自主学习。公告这一文种规格高、措辞严谨，学生易产生写作的畏难情绪。通过对这一富含思政元素的例文的深入剖析，引导学生掌握知识要点。因其短，要感受文种言简意赅的特征；因其精，要感受文种逻辑结构的特征；因其情，要感受写作者的社会责任和担当。从设疑引趣到问题引导，再到挑战引领，逐步带领学生走进公告的写作佳境。

（二）BOPPPS课程思政教学设计——以职场公务文书礼仪课程为例

职场公务文书礼仪BOPPPS课程教学设计见表2～表9。

表2　职场公务文书礼仪（第一章）BOPPPS课程教学设计表

课程名称	职场公务文书礼仪	教学章节	第一章　职场公务文书的基础知识概述	
教师姓名	黄亚兰	授课对象	2021级汉语言文学专业学生	
教学重点和难点	教学重点：掌握职场公务文书的特点和种类；掌握职场公务文书的写作要求 教学难点：职场公务文书的特点和种类			
教学方法	课次	第1次课	教学时长	90分钟

（续表）

教学设计	时间分配	教师教学行为	学生学习行为	育人因素挖掘转化
导入	3分钟	自我介绍	聆听	
学习目标	2分钟	1. 识记职场公务文书礼仪的定义,理解职场公务文书所代表的发文机关（组织）及写作者的形象和公信力 2. 了解职场公务文书礼仪的作用；增强制度自信和文化自信 3. 了解职场公务文书礼仪的学习方法和写作要求；重视职场公务文书写作中的工匠精神与法治意识	学生思考：职场公务文书与文学作品	融入课程思政主线： 红色：爱国主义与家国情怀 古色：传统文化与文化自信 蓝色：工匠精神与职业素养 绿色：乡村振兴与基层治理
前测	5分钟	1. 你知道从古至今有哪些名篇属于职场公务文书吗？ 2. 如果我们今天还这么写的话,能看懂吗？ 3. 这样的格式方便吗？	学生小组交流后派代表回答 能发现问题即可	1. 激发学生对职场公务文书礼仪的学习热情 2. 增强对优秀中华传统文化的认同 3. 辩证地看待传统文化的继承与发展
参与式学习	70分钟	第一章 绪论 第一节 职场公务文书概述 一、职场公务文书的概念 职场公务文书是国家机关和其他社会组织及个人处理公务和日常事务、传播信息时使用的格式规范、行文简约的实用性文体 案例〔热点事件〕:"丰县生育八孩女子"事件处理情况 案例〔热点事件〕:张家界——《致居留在张家界游客朋友的一封信》 案例〔热点事件〕:中央纪委:《公文出错事非小》 教师评讲以上三个事例	1. 阅读例文,积极思考 2. 提出观点,踊跃分享 3. 认真听教师分析总结,达成课程思政教学目标	红＋绿——增强制度自信： 1. "红头文件"代表的是政府部门的形象和公信力 2. 给"红头文件"戴上紧箍咒,是推动政府部门管理规范化、标准化、高效化运行的必然要求 3. 为政者,应具备务实担当的态度、实干作为的劲头、勤勉为民的诚意,多干实事、多办好事、多下实功

(续表)

教学设计	时间分配	教师教学行为	学生学习行为	育人因素挖掘转化
参与式学习	70分钟	二、职场公务文书的特点 实用性、真实性、程式性、针对性、实效性 例文讲解+练习巩固	听讲+笔记 同时阅读例文,从例文中感受公文语言和文学语言的区别	
		三、职场公务文书的作用 指挥管理、宣传教育、联系沟通、依据凭证 案例〔热点事件〕:《武汉市新冠肺炎疫情防控指挥部通告》(2022年第1号) 教师讲授背后的故事+2020年英雄城市武汉	联系该通告与当前师生所处的情况,回顾开学一周以来所看到的相关应用文 体会应用文的作用	红色——增强制度自信: 1. 感受社会主义国家在疫情防控中的制度优势 2. 体会"武汉速度" 红色——增强家国情怀: 1. 隔离是阻断疫情传播的有效手段;主动配合隔离,表现出的是勇于担责的家国情怀 2. 争当志愿者,同坚守,共进退
		四、职场公务文书的学习方法 强调:学、读、写、改的重要性 要求学生分小组,便于日后学习	分小组 建立组内互助、信赖的情感关系	蓝色——强化工匠精神: 1. 理解文本的严谨结构、规范格式、朴实语言和实用文风所蕴含的工匠精神 2. 写作过程中寻章摘句的艰辛劳累,反复修改、精益求精的工匠精神
		第二节 职场公务文书的主旨 主旨确立重视:方针政策、领导意图、工作实践 例文讲解+练习巩固	听讲+笔记 阅读例文,提出问题,踊跃分享,掌握从材料中提炼主旨的方法	绿色——加强法治意识: 1. "红头文件"的合法性是推进依法行政、建设法治政府的必然要求,有利于维护国家法治的统一、政令的统一 2. 有利于从源头上防止违法文件出台,促进行政机关严格、规范、公正、文明执法 3. 有利于保障人民群众的合法权益

(续表)

教学设计	时间分配	教师教学行为	学生学习行为	育人因素挖掘转化
参与式学习	70分钟	第三节 职场公务文书的材料和结构 例文讲解+练习巩固	听讲+笔记 阅读例文，提出问题，踊跃分享	
		第四节 职场公务文书的语言表达 用语程式化+文言词汇多 例文讲解+练习巩固 《西游记》中黑熊精给金池长老请帖中开头的话。黑熊精要办"庆赏佛衣会"，送了一份请帖给金池长老。 侍生熊罴顿首拜，启上大阐金池老上人丹房：屡承佳惠，感激渊深。……生偶得佛衣一件，欲作雅会，谨具花酌，奉扳清赏。至期，千乞仙驾过临一叙。是荷。先二日具	阅读例文，听教师讲解，感受优秀中华传统文化	古色——增强文化自信： 1. 感受中华语言之美——简练精约 2. 感受中华礼仪之美——卑己尊人
后测	7分钟	以下关于职场公务文书的一些判断题和选择题，请在规定时间内完成	在规定时间内完成PPT中的相应选择题和判断题 请学生发言	
总结	3分钟	总结本节课重点：了解职场公务文书和在一般文学作品的区别，了解应用文的语言特点，能从材料中较准确地提炼主旨	聆听、思考、有疑问可提出	

教学反思

本章节的内容属于写作基础知识和基本理论。就教学实践来看，较为突出的问题在于过于理论化，令学生觉得枯燥无趣，缺乏实用性。通过该课程思政案例的融入，一是让学生意识到材料、结构、语言以及反复修改的重要性，二是通过互动式教学法，将隐性思政元素和显性思政元素相融合，采用游戏教学、任务驱动等学生喜闻乐见的形式，增强课堂教学实效，有效达成"三维"目标

表3　职场公务文书礼仪(第二章)BOPPPS课程教学设计表(1)

课程名称	职场公务文书礼仪	教学章节	第二章　党政机关公文格式规范
教师姓名	黄亚兰	授课对象	2021级汉语言文学专业学生
教学重点和难点	教学重点：了解党政机关公文的界定、特点和作用、分类 教学难点：党政机关公文的分类		
教学方法		课次	第2次课	教学时长	90分钟

教学设计	时间分配	教师教学行为	学生学习行为	育人因素挖掘转化
导入	3分钟	党的领导人高度重视公文。毛泽东是公文写作的践行者。他高度重视公文在指导革命斗争、推动社会主义经济建设以及治国安邦中的作用，不仅对公文的写作、修改、运转作出了许多深刻论述，还亲自撰写、修改了数以千计的公文。邓小平在其70余年的革命生涯中，亲自起草和审定了大量的报告、意见、政论等公文	思考并理解	红色——加强党史教育： 了解中国共产党自1921年建立以来，在百年战斗历程中，高度重视公文作用的发挥；并通过不断地改革、修正，来满足革命斗争以及社会主义现代化建设的需求
学习目标	2分钟	1. 了解公文的特点 2. 重点掌握党政机关公文的种类，了解15种公文的用途 3. 重点了解公文按行文方向分的平行文、上行文、下行文；了解公文发文机关间的上下级关系	学生思考生活中一些熟悉的单位之间是否有隶属关系和上下级关系	
前测	5分钟	教师用PPT展示一次学生考公务员面试时碰到的"公文筐测验"： 1. ××省政府将全国人大《关于开展全民义务植树造林运动的决议》的精神传达给各地市（县/区）人民政府，要求做好今年的植树造林工作 2. ×县人民政府因树苗销售数量不足而发生经费困难，向上级请求增拨经费 3. 上级主管部门接到×县人民政府请示后，作出答复	学生分小组交流后派代表回答，只要能回答对任何一题，就应该大力鼓励	

（续表）

教学设计	时间分配	教师教学行为	学生学习行为	育人因素挖掘转化
参与式学习	70分钟	一、党政机关公文与格式规范概述 思考：《党政机关公文处理工作条例》 《关于全面推行行政规范性文件合法性审核机制的指导意见》 以上"条例"与"意见"相继出台反映了什么？ 教师提示及总结： 1. 新中国成立及改革开放以来党政机关公文处理工作的总结与升华 2. 推进党政机关公文处理工作科学化、制度化、规范化；作为今后一段时期公文写作的经典法规 3. 给"红头文件"戴上紧箍咒 公务文书简称公文，它是党政机关、人民团体、企事业单位在管理过程中形成的具有法定效力和规范体式的特定文书 强调：由法定作者颁发、制发（收发）具有程序性、具有法定效力；历史凭证。着重解释法定作者不是指写公文的人而是指机关单位。生效：法定作者，机关公章或领导人签名，成文日期	学生查找相关资料，小组讨论，提出自己的观点 参考观点： 公文在我党取得革命斗争胜利、维护国家统一、保障社会安全稳定等方面都有不可磨灭的功绩。公文改革是我党面对复杂的国际国内形势所做的必要调整，目前形成的完整的公文体系是确保我国社会主义现代化建设不断前行的基石	红色——强调实事求是： 1. 正确面对发展过程中出现的问题，坚持实践是检验真理的唯一标准 2. 文种的增加和删除，都以现实社会的需要为出发点，充分满足党和政府治国理政的需要，特别注意现实社会实践的反应，合理倾听并吸收党和政府机关的实际诉求 绿色——强调依法治国： "意见"既是对规范性文件的审查要求，也是对领导干部行权用权的严格约束；实行主要领导负责制，能有效防止违法决策、专断决策、"拍脑袋"决策，提高"红头文件"的质量

(续表)

教学设计	时间分配	教师教学行为	学生学习行为	育人因素挖掘转化
参与式学习	70分钟	二、党政机关公文的分类 1. 按照公文的具体特点和用途分 15种：命令(令)、决定、决议、公报、公告、通告、通知、通报、议案、报告、请示、批复、意见、函、纪要 　讲授要点＋随堂小测验 2. 按行文方向 上行文：有隶属关系的下级机关向上级机关报送的公文，如请示、报告 平行文：同一组织系统的同级机关和不相隶属机关之间的来往公文，如函、议案 下行文：领导机关对下级机关发送的公文，如命令、决定、公告、通告、通知、通报、批复、纪要 　出示一张高校的组织架构图，讲解基本的上下级关系、平行关系和不相隶属关系 　讲授要点＋思考讨论	1. 自行思考 2. 做好笔记 3. 参与小测，消化落实 　阅读例文，提出问题，踊跃分享	培养学生勤于思考的习惯； 培养理论联系实际的作风——所有文章及作文技巧都必须联系实际，紧扣实际
总结	3分钟	1. 战争时期党通过公文运筹帷幄决胜千里之外。新中国成立前，无论是五次反"围剿"、抗日战争、解放战争，还是根据地的建立与巩固，受信息传递条件的限制，党的运筹帷幄决策常常通过公文来付诸实施 2. 对党的工作重心的转移起到了"定海神针"的作用，党的十一届三中全会对"文化大革命"等党的重大历史事件进行了正确的总结。会后运用"决议"这一公文文种，发表了《关于建国以来党的若干历史问题的决议》，这一"决议"逐步将党的工作重心转移到以经济建设为中心，建设社会主义现代化强国的正确道路上来，并进一步指明了继续前进的方向 3. 外交战线上的凭证作用。中美之间经过艰苦的谈判，先后签署了《上海公报》《中美建交公报》《八一七公报》。这三个"公报"翔实地记载了美国对中国首次正式表明了承认一个中国的立场；首次承认"中华人民共和国政府是中国的唯一合法政府""只有一个中国，台湾是中国的一部分"	思考并理解	红色——加强党史教育： 　新中国成立后，党对公文的每次改革中，都针对现实中的问题来增删文种，改革后的公文在治国理政上发挥着重要作用

(续表)

教学设计	时间分配	教师教学行为	学生学习行为	育人因素挖掘转化
后测	7分钟	练习：教材中的习题	要求学生在规定时间内完成	后测测验

教学反思

本章节的内容就认识难度而言，处于一般水平。但从多年的教学反馈来看，学生掌握情况一般。经调研得知，主要原因在于学生的认同度：对于过于烦琐的公文格式缺乏认同，因而不愿花时间记忆；对于公文所承载的任务没有正确认识，所以浅尝辄止。通过课程思政的挖掘和融入，引导学生坚定为国家建设、乡村振兴与基层理政服务的决心，增强学习的自觉性和主动性，保障教学的实效性。

表 4　职场公务文书礼仪（第二章）BOPPPS 课程教学设计表（2）

课程名称	职场公务文书礼仪	教学章节	第二章　党政机关公文格式规范	
教师姓名	黄亚兰	授课对象	2021级汉语言文学专业学生	
教学重点和难点	教学重点：了解党政机关公文的格式规范、行文规则 教学难点：公文的行文规则和格式			
教学方法	课次	第3次课	教学时长	90分钟

教学设计	时间分配	教师教学行为	学生学习行为	思政因素挖掘转化
导入	3分钟	2分钟教学视频展示＋总体概述	学生边听边回顾上节课的知识点	
学习目标	2分钟	1. 了解并掌握党政机关公文和一般文书在格式上的区别 2. 了解公文的行文规则 3. 树立尊重党政公文行文规则和格式规范的意识	学生思考党政机关公文格式规范背后的意义	
前测	5分钟	学习通测试：选取教学视频中需记忆的知识点测试学生预习和导入学习的效果	学生学习通作答	

（续表）

教学设计	时间分配	教师教学行为	学生学习行为	思政因素挖掘转化
参与式学习	70分钟	第三节 党政机关公文的格式 一、版头的内容包括份号、密级和保密期限、紧急程度、发文机关标志、发文字号、签发人 思考： 古代公文如何做好保密工作？ 古代公文如何区分紧急程度？ 为什么是红色？为什么要居中对称？ 教师从文化传承与家国情怀的角度讲授 小测验	1. 小组讨论，代表发言 2. 做好笔记 3. 完成随堂小测	红色——强调家国情怀与责任担当： 　　古代采取的拆字法、隐语法、反切法、用封印、装盒等方式防止公文信息外泄，均是为了维护国家统治。今时今日，公文更是维护人民利益，保障我国政治稳定的重要一环 　　西周时期的专人传递和驿递马车传递，秦汉的步行传递、车传和马传，宋代新增的急脚递、金字牌急脚递，均能反映公职人员的责任担当 古色——强调文化传承与文化自信： 　　红色体现的是权威和正义。中国的党旗、国旗、国徽是红色，表现的是炽热的革命热情，寄予的是国家和民族的希望 　　"中"是中华传统文化的重要内容。"中庸"之道，公正、不偏不倚。求"中"进而达到"和"

(续表)

教学设计	时间分配	教师教学行为	学生学习行为	思政因素挖掘转化
参与式学习	70分钟	二、主体的内容包括标题、主送机关、正文、附件说明、发文机关署名、成文日期、印章、附注、附件 教学视频＋教师讲解＋随堂小测验 技能训练重点：拟定公文标题	1. 认真听讲，记好笔记 2. 完成随堂小测	红＋绿——培养求真务实作风： 1. 理论联系实际的作风——所有文章及写作技巧都必须联系实际，紧扣实际 2. 公文的行文应该遵循时效，有必要才发文，因此要警惕工作中的文牍主义 3. 警惕文书工作中的腐败 4. 鉴赏文件规范体式，可以深切感悟公文的严谨性，认识到"没有规矩不成方圆"，自觉养成规矩、规则意识
		三、版记包括抄送机关、印发机关和印发日期三个要素。位置在公文最后一页，版记的最后一个要素置于最后一行 教学视频＋教师讲解＋随堂小测验	1. 认真听讲，记好笔记 2. 完成随堂小测验	
后测	7分钟	根据所给出的素材，画出党政机关公文的格式模板	完成后测测验	
总结	3分钟	教师简单总结本节课知识点	学生边听边思考	

教学反思

本章节的内容就认识难度而言，处于一般水平。但从多年的教学反馈来看，学生掌握情况一般。经调研得知，主要原因在于学生的认同度：对于过于烦琐的公文格式缺乏认同，因而不愿花时间记忆；对于公文所承载的任务没有正确认识，所以浅尝辄止。通过课程思政的挖掘和融入，引导学生坚定为国家建设、乡村振兴与基层理政服务的决心，增强学习的自觉性和主动性，保障教学的实效性

表 5　职场公务文书礼仪（第三章）BOPPPS 课程教学设计表（1）

课程名称	职场公务文书礼仪	教学章节	第三章　党政机关公文写作 第一节　公告、通告	
教师姓名	黄亚兰	授课对象	2021 级汉语言文学专业学生	
教学重点和难点	教学重点：公告的种类，掌握公告和通告的写法 教学难点：通告的写法			
教学方法	课次	第 4 次课	教学时长	90 分钟

教学设计	时间分配	教师教学行为	学生学习行为	思政因素挖掘转化
导入	3 分钟	视频导入：播放 1949 年 10 月 1 日，毛泽东主席在开国大典上宣读《中华人民共和国中央人民政府公告》的视频	观看视频，进行思考	红色——强调爱国主义与责任担当： 毛泽东当众宣读了开辟五千年历史新时代的宣言。中华人民共和国中央人民政府公告：代表全国人民的意志，制定了《中华人民共和国中央人民政府组织法》，宣告中华人民共和国的成立，并决定北京为中华人民共和国的首都。向各国政府宣布：本政府为代表中华人民共和国全国人民的唯一合法政府！
学习目标	5 分钟	1. 掌握通告和公告的定义与区别；了解公告、通告的使用情况 2. 具备写作通告的能力 3. 能理解公告和通告这两个文种所承载的国家形象与特定管理机关的权威性	学生回忆生活中所接触到的公告、通告	

(续表)

教学设计	时间分配	教师教学行为	学生学习行为	思政因素挖掘转化
参与式学习	65分钟	一、公告的含义和写法 讲授：（一）含义及特点 适用于向国内外宣布重要事项或者法定事项 例解：强调公告的特征 着重讲解公告、通告与通知的区别 （二）写作方法 例文分析：结合相应例文讲解公告的写法。 国务院公告：2020年4月4日举行全国性哀悼活动 为表达全国各族人民对抗击新冠肺炎疫情斗争牺牲烈士和逝世同胞的深切哀悼，国务院决定，2020年4月4日举行全国性哀悼活动。在此期间，全国和驻外使领馆下半旗志哀，全国停止公共娱乐活动。4月4日10时起，全国人民默哀3分钟，汽车、火车、舰船鸣笛，防空警报鸣响	学生聆听并记好笔记 查找下半旗志哀的相关资料，讨论 1.为什么要为他们下半旗？ 2.100多字的公告中，是否有一个多余的字？ 3.能否从这则公告中读出深切的哀悼之情？如果能，从哪里读出来的？ 4.读完公告后，你知道2020年4月4日那天需要干什么吗？	红色——强调爱国主义与责任担当： 天安门广场下半旗50多次，其中4次是为这种大范围的重大灾难下半旗"志哀" 一是可见党和国家把人民群众放在首位，才会以公告这一文种、下半旗这一仪式来志哀同胞；二是停止娱乐、全国默哀、警报鸣响这些要求均可见深情。虽仅100多字，但为什么、做什么、怎么做各要素齐全，指令清晰
		二、通告的含义和写法 （一）含义 通告，用于在一定范围内公布需要各机关、团体、企事业单位、人民群众共同遵守或周知的事项 （二）写法 1.设置任务，给出素材，要求学生考虑如何写作 2.从标题、主送机关、正文、惯用结尾方面讲解通告的写法 3.分析品评例文 4.辨析公告与通告写作的差异 小组研讨：修改教师提供的病文	学生记好笔记 阅读例文，提出问题，踊跃分享 集体修改病文	蓝色——强化工匠精神： 理解文本的严谨结构、规范格式、朴实语言和实用文风所蕴含的工匠精神

教学设计	时间分配	教师教学行为	学生学习行为	思政因素挖掘转化
后测	15分钟	练习：结合素材，写一则通告	学生在规定时间内完成，并互相阅读点评	
总结	2分钟	概括总结本节课重点：通告和公告的写法		

教学反思

公告这一文种规格高、措辞严谨，对于公告的写作学生易产生畏难情绪。通过对这一富含思政元素的例文的深入剖析，引导学生掌握知识要点。因其短，要感受文种言简意赅的特征；因其精，要感受文种逻辑结构的特征；因其情，要感受写作者的社会责任担当。从设疑引趣到问题引导，再到挑战引领，逐步带领学生走进公告的写作佳境

表6 职场公务文书礼仪（第三章）BOPPPS课程教学设计表（2）

课程名称	职场公务文书礼仪	教学章节	第三章 党政机关公文写作 第二节 通知	
教师姓名	黄亚兰	授课对象	2021级汉语言文学专业学生	
教学重点和难点	教学重点：了解通知的行文方向，通知的种类；掌握指示性通知、会议通知的写法 教学难点：指示性通知、会议通知的写法			
教学方法		课次	第5次课	教学时长	90分钟

教学设计	时间分配	教师教学行为	学生学习行为	思政因素挖掘转化
导入	5分钟	领读2则学校近期的通知，查找其中的问题	在教师的指导下，发现问题	
学习目标	2分钟	1. 了解通知的使用范围、特点、分类及写作的基本框架 2. 掌握颁转性、指示性、告喻性通知的写作方法，重点掌握指示性通知、会议通知的写法 3. 能够结合通知的写作，掌握写作过程中的发散思维、聚合思维、逆向思维等，培养思维的利他性、群体性	学生思考	

(续表)

教学设计	时间分配	教师教学行为	学生学习行为	思政因素挖掘转化
前测	3分钟	教师用PPT展示一则会议通知,请学生思考,这两个机关单位之间有没有隶属关系,谁是上级	学生自行思考,尝试发言	
参与式学习	75分钟	一、通知的概述 通知是批转下级机关的公文,转发上级机关和不相隶属机关的公文,发布规章、传达要求下级机关办理和有关单位需要或周知执行的事项,任免人员时使用的公文 二、通知的特点和种类 三、通知的写法 1. 标题 游戏法＋练习法:对不同的通知标题进行讲解和训练 转发、批转类涉及的机关:发文机关、原文件发文机关、主送机关(抄送) 以字母标号,列举多个例子,要求学生写出机关对应的字母 2. 主送机关 一是要明确,二是不能给领导个人 3. 正文 思维训练:怎么写缘由? 事例讲解:清明回乡扫墓＝为人子女克己修身尽孝道;为人父母示范文化传承与家庭教育 换位思考:写简、写透、写高、写顺 析病文:理顺逻辑关系	学生聆听并记好笔记 学生记好笔记,并参与互动测试,从而理解机关之间的上下级关系与收发文关系 参与游戏,加强练习 思考为什么要明确,为什么不给领导个人,否则会有什么后果 练习—思考—练习—思考 小组讨论,代表发言 做好笔记 阅读例文,提出问题,踊跃分享	古色——传承传统文化: 从身边小事中挖掘写作缘由时需要注意其中蕴含的大道理。联系传统节日清明节,回乡祭祖,传承传统文化,发扬中华孝道 蓝色——强化职业素养: 良好的职业道德和工作上利他思维、群众路线、换位思考能力是文字工作者必须具备的。行文亦如为人,在撰写指示性通知及布置工作时,充分运用利他思维,一切从人民群众出发,急群众之所急,解群众之所惑,言群众之所欲,善于换位思考,强化职业素养和职业技能 绿色——乡村振兴与基层治理: 引导学生站在一定的思想高度去体会:春节对于中华民族和中国文化的意义;对春节期间人身和财产安全的关注;对农民工群体的人文关怀;对新农村

（续表）

教学设计	时间分配	教师教学行为	学生学习行为	思政因素挖掘转化
参与式学习	75分钟	小组讨论＋练笔：给定材料中的通知应该如何写好缘由？ 　　强化管理　规范秩序　提高效率　优化环境 　　（管理者）（前者结果，作用双方）（对象） 　　思维训练：怎么写事项？ 　　例：关于做好春节期间农民工安全返乡工作的通知 　　换位思考：清楚、明确、有分寸 　　析病文：有条理、要求明确、要素齐全、语言合宜 　　讲—练—讲—练 　4. 落款 　　例文点评学习：《关于深入实施创业带动就业示范行动　力促高校毕业生创业就业的通知》 　　一　总体要求 　　二　突出年度重点 　　（一）聚焦高校毕业生群体 　　（二）突出创业带动就业主线 　　（三）做实四个专项行动任务 　　三　做实行动方案 　　（一）认真动员部署 　　（二）精心谋划方案 　　（三）做实过程调度 　　四　落实激励政策 　　（一）落实落地普惠政策 　　（二）强化专门政策支持 　　（三）疏通政策落地堵点 　　五　强化宣传推广 　　（一）用好"双创"活动周平台 　　（二）借力各类"双创"活动 　　（三）持续抓好媒体宣传 　《关于深入实施"我兴楚乡·创在湖北"返乡创业行动计划的通知》2021年12月30日		建设的关注……从而对于该通知的写作有更深刻的体会，对于通知写作者的格局、视野有更深刻的认识

（续表）

教学设计	时间分配	教师教学行为	学生学习行为	思政因素挖掘转化
后测	3分钟	练习：以下会议通知存在哪些问题？	要求学生在规定时间内完成	
总结	2分钟	概括总结本节课重点：会议通知、指示性通知的写法		

教学反思

学生学习本章节的难点在于各种类型的通知写法区别较大。运用换位思考的思维训练，融入职业素养培养的课程思政，使学生从单纯地写作文，到联系工作场景，结合角色体验，体会群众感受，掌握写作的深层次技巧

表7　职场公务文书礼仪（第三章）BOPPPS课程教学设计表（3）

课程名称	职场公务文书礼仪	教学章节	第三章　党政机关公文写作 第三节　通报	
教师姓名	黄亚兰	授课对象	2021级汉语言文学专业学生	
教学重点和难点	教学重点：了解通报的使用范围和写法 教学难点：表彰通报的写法			
教学方法	课次	第6次课	教学时长	90分钟

教学设计	时间分配	教师教学行为	学生学习行为	备注
导入	4分钟	通过复习上节课内容，导入新课	学生聆听和回顾	
学习目标	1分钟	1. 了解通报的适用范围、标题的写法和正文的写法 2. 掌握表彰通报和批评通报的写法	学生思考生活中常见的表彰通报和生活中的新闻报道有何区别	
参与式学习	70分钟	一、通报的定义 用来表彰先进、批评错误、传达重要精神的下行公文 小测验 二、通报的特点 真实　典型　及时　叙述 结合小测的练习题来讲若	参与小测验，结合情况，了解通报的适用情况 学生思考并理解 学生聆听并记好笔记 自行思考，做好笔记 阅读：1.《国务院	红＋蓝——弘扬社会主义核心价值观： 通过讲授文种的写法，深入挖掘例文中所弘扬的爱国、敬业、诚信、友善的先进人物

(续表)

教学设计	时间分配	教师教学行为	学生学习行为	备注
参与式学习	70分钟	不具备这些特征的危害 三、通报的种类 表彰通报、批评通报、情况通报 四、通报的写法 标题 主送机关 正文 事—评—决—望 （一）表彰通报 1. 事：写透写具体 病文修改分析 2. 评：结合事例，学生在学习通中参与讨论，分析其意义 乐于助人　不顾个人安危　不怕牺牲　爱祖国　爱人民…… 3. 决 4. 望：结合评价写 病文分析　范文分析 （二）批评通报 2篇范文分析 （三）情况通报 1篇范文分析	办公厅关于部分债务沉重地区违规兴建楼堂馆所问题的通报》 2.《国务院办公厅关于对国务院第八次大督查发现的典型经验做法给予表扬的通报》 3.《国务院办公厅关于对"十三五"时期实行最严格水资源管理制度成绩突出的省级人民政府给予表扬的通报》 4.《国务院办公厅关于对2020年落实有关重大政策措施真抓实干成效明显地方予以督查激励的通报》 5.《国家统计局办公室关于2022年第一季度政府网站与新媒体检查情况的通报》 6.《国家版权局关于2021年全国著作权登记情况的通报》 参与小测验，消化落实 阅读例文，提出问题，踊跃分享	和典型事迹的宝贵精神，学习他们不畏艰险、无私奉献、恪尽职守的精神，这些事例润物细无声般地感动和教育着学生 通过透彻分析例文中反面事例和批评的典型人物，号召大家时刻把主体责任记在心上、扛在肩上、落实在行动上。增强大局意识，主动作为，敢于担当

(续表)

教学设计	时间分配	教师教学行为	学生学习行为	备注
后测	13 分钟	结合素材，练习写作	要求学生在规定时间内完成	
总结	2 分钟	概括总结本节课重点：通报的写法		

表 8　职场公务文书礼仪（第三章）BOPPPS 课程教学设计表（4）

课程名称	职场公务文书礼仪	教学章节	第三章　党政机关公文写作 第四节　报告、请示和批复	
教师姓名	黄亚兰	授课对象	2021 级汉语言文学专业学生	
教学重点和难点	教学重点：了解请示的含义、适用范围；掌握请示的写法 教学难点：请示的写法。			
教学方法	课次	第 7 次课	教学时长	90 分钟

教学设计	时间分配	教师教学行为	学生学习行为	育人因素挖掘转化
导入	3 分钟	以事例导入，区分报告、请示的适用场景	学生边听边回顾上节课的知识点	蓝色——加强职业素养： 　培养学生事前请示、按规矩办事的习惯
学习目标	2 分钟	1. 了解报告、请示和批复的适用范围 2. 掌握报告、请示和批复的结构 3. 能结合素材撰写请示	学生思考 3 种文种和之前学的文种，有哪些不同	蓝色——加强职业素养： 　养成温故知新的良好习惯
前测	5 分钟	学习通测试：给定场景需要使用的文种？	学生思考并完成习题	
参与式学习	65 分钟	一、报告、请示的概念与适用范围 二、报告与请示的异同与特点 　以图表的形式加以展示并说明 三、报告与请示的写法 报告：情—成—经—问—意 请示：缘由＋请示事项	学生记好笔记，掌握文种之间的异同点	

（续表）

教学设计	时间分配	教师教学行为	学生学习行为	育人因素挖掘转化
参与式学习	65分钟	病文一评析 小组讨论：本则请示会给上级机关领导怎样的感觉？ 结论： 1. 请示的缘由要合理、具体、充分，既要站在自己的立场，也应该站在上级机关的立场 2. 要求要提清楚，带上可行性方案	小组讨论，代入角色和场景进行换位思考	蓝色——加强职业素养： 培养学生在工作中所必备的团队精神 要"动之以情、晓之以理"，学会换位思考，要说服别人更要站在对方的立场思考问题
		病文二评析： 选人发言：本篇例文，可以给我们哪些启示，我们学到了什么，要避免什么？ 结论： 1. 有理更要有据 2. 理据充分，准备充足	代入角色和场景进行换位思考	蓝色——加强职业素养： 要考虑周全，在工作中，尽量充分体现诚实守信、和谐友善的工作作风和个人品格
		病文三评析： 选人发言：本篇例文，可以给我们哪些启示，我们学到了什么，要避免什么？ 结论：行文中要体现敬业精神和工作责任心	学生聆听并思考 做好笔记	蓝色——加强职业素养： 培养理论联系实际的作风——所有文章及作文技巧都必须联系实际，紧扣实际
		例文赏析	阅读例文，提出问题，踊跃分享 听讲+参与小测 学生听讲并记笔记	
后测	13分钟	阅读例文，提出问题，踊跃分享 听讲+参与小测 学生听讲并记笔记	学生在规定时间内完成，再由几位同学把修改后的文章定读给全班同学听	

(续表)

教学设计	时间分配	教师教学行为	学生学习行为	育人因素挖掘转化
总结	2分钟	概括总结本节课的重点		

教学反思

学生学习本章节的难点在于从学生思维到职场思维的转变。运用换位思考的思维训练方式,融入职业素养培养的课程思政,使学生从单纯地写作文,到联系工作场景,结合角色体验,体会在职场上该如何与领导沟通,合理表达诉求,掌握写作的深层次技巧

表9　职场公务文书礼仪(第三章)BOPPPS课程教学设计表(5)

课程名称	职场公务文书礼仪	教学章节	第三章　党政机关公文写作　第四节　函		
教师姓名	黄亚兰	授课对象	2021汉语言文学专业学生		
教学重点和难点	教学重点:了解函的行文方向、函的种类;掌握商洽函和请批函的写法 教学难点:商洽函、请批函的写法				
教学方法		课次	第8次课	教学时长	90分钟

教学设计	时间分配	教师教学行为	学生学习行为	育人因素挖掘转化
导入	2分钟	复习上节课的内容,顺利导入新课的内容	学生聆听并回顾	
学习目标	3分钟	1.了解函的适用范围和正文的写法 2.重点了解商洽函和请批函的写法	学生思考在生活中是否见过相应的函	
参与式学习	70分钟	一、函的含义和特点 特点: (一)使用广泛:它不受发文机关级别高低的限制,运用方便灵活 (二)商讨性 (三)态度恳切,语气谦虚、礼貌,讲究相互尊重、平等协商 (四)灵活性:上行、下行、平行	学生聆听并记好笔记 参与小测,消化落实 发言 学生记好笔记	蓝色——加强职业素养 要考虑周全,在工作中,尽量充分体现诚实守信、和谐友善的工作作风和个人品格

144

（续表）

教学设计	时间分配	教师教学行为	学生学习行为	育人因素挖掘转化
参与式学习	70分钟	小测：以下文种的使用是否正确？如不正确，怎样修改？ 1. 国务院某直属单位向新闻出版署行文，请求出版《××报》，用了"关于请求出版《××报》的请示" 2. ××省驻广州办事处向广州市城市规划局行文，用了"关于修建×××平方米临时建筑的报告" 二、函的分类 教师结合例文讲解各种函： 商洽函 询问函 请批函 答复函 三、函的结构和写法 结合具体的例文，重点讲解商洽函和请批函的写法，从标题、主送机关、正文、惯用结尾几个方面讲解它们的写法 包括原由、事项、结语三部分	阅读例文，提出问题，踊跃分享 学生聆听并做好笔记 阅读例文，提出问题，踊跃分享	古色——增强文化自信；感受中华语言之美——简练精约；感受中华礼仪之美——卑己尊人
后测	13分钟	当堂练习：写作 某大学准备在2022年5月中旬举办一场为期3天的运动会（第十一届大学生运动会），由于场地不够，拟向××市体育局借用运动馆，请代写一个商洽函	学生在规定时间内完成，并互相阅读点评，再由几位同学把写的公文读给全班同学听	
总结	2分钟	概括总结本节课重点：函的写法		

教学反思

学生学习本章节的难点在于从学生思维到职场思维的转变。运用换位思考的思维训练方式，融入职业素养培养的课程思政，使学生从单纯地写作文，到联系工作场景，结合角色体验，体会在职场上该如何与同事沟通，合理表达诉求，掌握写作的深层次技巧

（三）BOPPPS 课程思政教学设计——以服务礼仪课程为例

服务礼仪 BOPPPS 课程教学设计见表 10~表 15。

表 10 服务礼仪（第二章）BOPPPS 课程教学设计表

课程名称		服务礼仪	教学章节	第一章 绪论	
教师姓名		黄亚兰	授课对象	2019 级健康服务与管理专业学生	
教学重点和难点		教学重点：礼仪的内涵和实质、礼仪的原则、礼仪的作用 教学难点：礼仪的实质			
教学方法		讲授法 图示法 问答法	课次	第 1 次课	教学时长	90 分钟
教学设计	时间分配	教师教学行为	学生学习行为	育人因素挖掘转化	
导入	5 分钟	1. 热身：分组、选座（为礼仪与实际生活之间的连接做铺垫） 2. 释疑：基于 OBE 理念解读本课程（礼仪与专业教育、职业教育关联） 提问：你认为什么是礼仪？ 根据学生的答案进行启迪 3. 再联系实际逐层深入剖析得出结论：礼仪包括礼貌礼节、仪表仪式等	参与教师设计的教学活动，对礼仪在专业能力矩阵中所处的位置有所了解	深化职业理想和职业道德教育，培养学生的职业精神和职业素养	
学习目标	15 分钟	1. 知识目标：以服务礼仪概念解读与礼仪初体验的活动解读，切入课程需要掌握的基础知识与基本概念 以简洁的语言讲明 掌握：礼仪的内涵和实质 了解：服务礼仪可以用在日常生活中的哪些范畴 2. 能力、素质目标：以考试的方式切入，讲明本课程的学习要点、考核形式、分值比例及其对应的能力素质等	记好相关笔记 遵守相关要求 基于已有知识回答对礼仪的初步认识，在老师的引导启迪中逐渐完善认识	让遵守礼仪规范成为每个学生的终身行为和习惯	

（续表）

教学设计	时间分配	教师教学行为	学生学习行为	育人因素挖掘转化
前测	5分钟	问卷调查：完成学习通中关于礼仪的认知、态度、学情的调研	逐题对教师提出的问题进行回答	1. 通过问卷，在知识传授中强调价值观的同频共振，将课程蕴含的礼仪精神内化为学生的内在素质 2. 引导学生开展对礼仪的思考、对自身素养的审视 3. 打造学生的文化自信及综合素质拓展
参与式学习	57分钟	问题驱动： 1. 你打算以怎样的形象参加面试？ 2. 如果要为同学和老师相互之间做介绍，你会怎么做？ 3. 吃饭的时候，你觉得自己坐在餐桌上哪个位置比较好？ 4. 与领导交谈时你觉得自己坐在哪个位置比较好？ 针对以上四个问题，将本课程的知识框架、教学与学习方法等进行讲授和呈现 1. 个人形象礼仪：静态的仪容服饰、动态的仪态表情 2. 社交礼仪：介绍、名片、握手、称呼、电话——尊重对方 3. 求职礼仪：细节决定成败 4. 职场礼仪：拜访礼仪和接待礼仪——位次很关键	1. 通过师生问答、讨论、讲授进行观点表述与交换，达成共识 2. 按照教师讲授的内容进行笔记整理	1. 传承古代优秀传统文化，文化育人 2. 培养学生爱岗敬业的职业态度以及社会主义核心价值观意识、政治意识、法律意识、道德意识 3. 为学生就业能力的整体提高奠定坚实的基础，培养出新时代优秀的社会主义建设者和接班人
后测	5分钟	知识的结构化梳理：形成关于礼仪课程的知识框架思维导图	完成后测测验题目	

教学设计	时间分配	教师教学行为	学生学习行为	育人因素挖掘转化
总结	3分钟	强调重难点：礼仪是人类社会文明发展的产物，是人们社会交际活动的共同准则。加强礼仪教育，对于提高自身的修养和素质，塑造良好形象，扩大社会交往，促进事业成功，促进社会主义精神文明建设都具有十分重要的作用 1. 内强素质 2. 外塑形象 3. 增加竞争力	听并思考	加强礼仪教育，对于提高自身的修养和素质，塑造良好形象，扩大社会交往，促进事业成功，促进社会主义精神文明建设都具有十分重要的作用

课后线上学习要求

1. 学习"求职礼仪与职场形象塑造"慕课第一章
2. 了解大学生在校期间所处的不同场合，如：上课、宿舍、社交场合以及日后求职过程中要遵循的仪容服饰礼仪的规则；掌握发型选择原则；熟悉如何进行服装色彩的搭配
3. 根据慕课学习知识及相关知识链接，判定自己的脸型与体型
4. 分好小组，每个小组完成一个PPT，对小组成员的脸型、体型、适合的服装搭配技巧进行分析，准备线下课堂汇报

表11　服务礼仪(第二章)BOPPPS课程教学设计表(1)

课程名称	服务礼仪	教学章节	第二章　个人礼仪 第一节　服务人员仪容服饰礼仪		
教师姓名	黄亚兰	授课对象	2019级健康服务与管理专业学生		
教学重点和难点	教学重点： 1. 重点掌握服务活动中的着装要求 2. 日常生活中服饰的合理搭配 教学难点： 1. 色彩的搭配方法 2. 职场着装				
教学方法	讲授法 演练法 小组汇报法	课次	第2次课	教学时长	90分钟

(续表)

教学设计	时间分配	教师教学行为	学生学习行为	育人因素挖掘转化
导入	8分钟	第一环节——呼应上堂课,引导进状态: 公布线上学习情况,提醒学生养成良好的学习习惯 第二环节——梳理课程框架,启迪学习方法: 交代线上知识框架和线下答疑、练习重点 第三环节——引经据典,导入正题: 《礼记》有云:"礼仪之始,在于正容体,齐颜色,顺辞令。" 对比: 西方学者 形象沟通 "55387"定律: 决定一个人给人的第一印象,55%体现在外表、穿着打扮,肢体语言及谈话语气占38%,而谈话内容只占到7%	1. 听老师讲授、思考、记笔记 2. 通过学习通手机端熟悉课程体系,对课程有大概的、全面的认知 3. 随着教师的节奏,逐步进入全身心学习的状态	1. 学习需要良好的态度和持之以恒的积累 2. 正确的审美观
学习目标	2分钟	知识目标:通过讲授,使学生了解不同场合,如课堂、宿舍、社交场合,以及日后求职过程中要遵循的仪容服饰礼仪的规则 能力目标:通过小组分析报告、课堂投票活动,使学生系统掌握分析评价他人形象的能力,具备结合不同的场合为自己选择合宜的个人服饰搭配的能力 素质目标:通过讨论、讲授,使学生树立正确的审美观	记好相关笔记 遵守相关要求	
前测	5分钟	针对示例图片,发起线上讨论 通过讨论,让同学们加深对形象概念的认识	对于图片中的女士,围绕其着装、表情、仪态等进行总体形象的讨论	结合本章节的学习目标,穿插讲解课程主要核心内容,并引导学生再总结。不仅能使学生掌握并利用知识点完成实际任务,而且能培养学生的观察能力和独立思考的能力,同时获得实践体验和感悟体验

（续表）

教学设计	时间分配	教师教学行为	学生学习行为	育人因素挖掘转化
参与式学习	70分钟	点评示例： 1. 结合实例将本讲重要的知识点掰开揉碎并融于点评分析之中，引起学生的学习兴趣，激发其对知识的好奇心 2. 给学生提供评价的模板、框架，辅助学生运用该框架，对生活中的个人形象实例进行评价 实战练习： 学生分小组运用慕课中学习到的理论知识，分析实际问题，写出对几位女士形象的综合分析报告提炼关键词的方式作简单汇报 发型、色彩、款式、场合 重难点知识梳理： 1.1 个人形象的重要性 ① 有助于赢得他人尊重 ② 有助于自身人生和事业的成功 1.2 脸型与五官 直线形脸型： 国字脸 由字脸 目字脸 曲线形脸型： 瓜子脸 鹅蛋脸 圆脸 1.3 发型选择的基本原则： ① 发型与年龄、体型相称（年龄大宜短头；个子高宜长头，个子矮宜短头） ② 脸型发型直曲互补法（直线形脸形配曲线形发型）	1. 通过教师示例，习得评价的模板和框架 2. 运用该框架，对生活中的个人形象实例进行评价 3. 分小组汇报 每小组按照要求进行汇报，逐一分析成员的脸型、体型及其所适宜的发型、服饰搭配技巧并进行点评 4. 按照教师讲授的内容整理笔记，并形成本讲的知识框架思维导图 达成从知识到能力再到素质的逐层深入	1. 注重学生的积极参与、实践，注重自我体验和感悟 2. 修正审美偏差，弘扬"衣贵洁、不贵华、上循分、下称家"的传统文化观念 3. 理解职业形象与专业形象对人生的影响

(续表)

教学设计	时间分配	教师教学行为	学生学习行为	育人因素挖掘转化
参与式学习	70分钟	③ 脸型发型反向衬托法（脸长发量在两边，脸短发量在上面，上面宽发量在下面，下面宽发量在上面） 1.4　服饰礼仪★ 服饰礼仪的作用： ① 保暖 ② 美观 ③ 塑造个人形象 选择服饰的原则： (1) 符合身份：职业更要专业 (2) 区分场合（TPO原则） (3) 强调美观 量体裁衣，扬长避短 搭配协调，配色和谐 体型与服饰▲ 1. 直线形 倒三角形 矩形 2. 曲线形 沙漏形 梨形 1.5　服饰与色彩 ① 全身色彩要有明确的基调（两种色彩不能平分秋色，主要色彩要占较大的面积，相同的色彩可以出现在不同的部位） ② 全身色彩要深浅搭配，过渡协调 ③ 颜色忌杂乱 ④ 万能搭配色 配色方法▲ 1. 统一法：同一色系中明度不同的颜色		

(续表)

教学设计	时间分配	教师教学行为	学生学习行为	育人因素挖掘转化
参与式学习	70分钟	2. 调和法：用相近色系中明暗深浅不一的颜色来搭配 3. 对比法：对比色配色 4. 呼应法		
后测	3分钟	老师要求各小组于课前推选出本组公认的个人形象最好的学生，并请各组的形象代表于刚上课之时站到教室前面，一字排开，请班长拍照并发起投票，得票最多的组，获得积分	结合本节课前预习的"仪表礼仪"的内容，以"找出适合自己的一套职业或生活穿搭"任务为驱动，完成前测测验题目	促使学生对线上教学资源进行预先主动学习，这为课中"以学生为主体"的自主探索和互动协作的学习提供了良好的前提
总结	2分钟	了解服饰对个人形象塑造的重要意义；掌握服饰选择的基本原则；掌握选择服饰时应如何扬长避短，以及如何和谐配色；能运用创新思维，打造良好形象	听并思考	通过了解形象塑造的重要性，知晓自身形象给人带来的感觉；掌握塑造形象的基本方法；能按照基本原则和基本方法对自己的个人形象加以提升和改善，在各种人际场合传递对他们的尊重

课后线上学习要求

1. 学习慕课
2. 了解：常见的人体体型特征；微笑、良好的仪态对于人际交往的积极作用
   掌握：如何根据不同的体型特征选择合适的服饰；如何笑出真善美；正确规范的坐姿、蹲姿、鞠躬、递物、上下车等仪态动作
   熟悉：不同仪态给人传递的不同感受
3. 根据慕课中的知识及相关知识链接，练习标准站姿、坐姿、蹲姿、鞠躬姿势
4. 准备好线下课堂的演练

表12 服务礼仪(第二章)BOPPPS课程教学设计表

课程名称	服务礼仪	教学章节	第二章　个人礼仪 第二节　表情仪态服饰礼仪		
教师姓名	黄亚兰	授课对象	2019级健康服务与管理专业学生		
教学重点和难点	教学重点： 通过自身仪态体现良好的精神风貌的能力 教学难点： 通过他人的仪态透视对方个性的能力				
教学方法	讲授法 演练法	课次	第3次课	教学时长	90分钟
教学设计	时间分配	教师教学行为	学生学习行为	育人因素挖掘转化	
导入	3分钟	在工作和生活中,如何通过合宜的表情和仪态来展现良好的个人形象？	积极思考,踊跃发言		
学习目标	2分钟	了解：常见的人体体型特征；微笑和良好的仪态对于人际交往的积极作用 掌握：如何根据不同的体型特征选择合宜的服饰；如何笑出真善美；正确规范的坐姿、蹲姿、鞠躬、递物、上下车等仪态动作 熟悉：不同仪态给人的不同感受	记好相关笔记 遵守相关要求		
前测	5分钟	开启微助教本章题目	完成前测测验题目		
参与式学习	75分钟	一、本章节重难点梳理 1. 微笑 2. 眼神 3. 站姿 正确美观的站姿： 上体正直,头正目平,收颔梗颈,挺胸收腹,双臂下垂,立腰收臀,嘴唇微闭,表情自然 难点：手与脚的正确摆放 ① 正脚位站姿 ② V字形站姿 ③ 小丁字步站姿	一、按照教师讲授的内容整理笔记,并形成本讲的知识框架思维导图 二、分小组练习 1. 每组同学逐一练习以上表情仪态要领	1. 学习者能从中华传统礼仪的角度,对微笑与和善的眼神在人际交往中的重要性加以理解,并能从"敬意"出发自觉改善自己的不良表情习惯 2. 学习者能从中华传统礼仪的角度,对各种仪态动作在人际交往中的重要性加以理解	

（续表）

教学设计	时间分配	教师教学行为	学生学习行为	育人因素挖掘转化
参与式学习	75分钟	④ 略分不超过肩宽（男） 手部：自然下垂或搭握 男士：双手握拳或背背后 4. 坐姿 正脚位坐姿　小叠步坐姿 侧式坐姿　侧式小叠步坐姿 ① 蹲姿 ② 交叉式 ③ 高低式 二、分小组练习 1. 每组同学逐一练习以上表情仪态要领 2. 教师对有问题的学生进行纠错 3. 记录小组综合成果并作为过程考核依据	2. 教师对有问题的学生进行纠错 3. 记录小组综合成果并作为过程考核依据	
后测	3分钟	开启微助教本章题目	完成后测测验题目	
总结	2分钟	了解良好的仪态对于人际交往的积极作用，了解不同仪态给人传递的心理感受 要能运用创新思维，打造良好形象	听并思考	

课后线上学习要求

1. 学习浙江广厦建设职业技术大学所用教材《形象与礼仪》第四章相关内容，共计时长40分钟

2. 了解社交礼仪一般原则；掌握根据不同的交际对象和交际场景合礼做好自我介绍、介绍别人、被别人介绍的要领；正确运用电话礼仪给交际对方留下良好印象

3. 根据慕课中的知识及相关知识链接内容，准备好自我介绍和电话礼仪的情景演练

表 13　服务礼仪(第三章)BOPPPS 课程教学设计表

课程名称	服务礼仪	教学章节	第三章　社交礼仪 第一节　介绍与称呼礼仪		
教师姓名	黄亚兰	授课对象	2019 级健康服务与管理专业学生		
教学重点 和难点	教学重点： 　　重点掌握根据不同的交际对象和交际场景合礼做好自我介绍、介绍别人、被别人介绍的要领；正确运用称呼礼仪给交际对方留下良好印象 教学难点： 　　使用介绍、称呼礼仪的各种技巧				
教学方法	讲授法 演练法	课次	第 4 次课	教学时长	90 分钟
教学设计	时间分配	教师教学行为	学生学习行为	育人因素挖掘转化	
导入	3 分钟	案例导入： 　　在一次宴会上，有一个喝醉酒的客人指着对面桌子上的一位女士说："那个女的长得太丑了，好恶心。"主人生气地说那是我的夫人，客人慌忙掩饰说："不是她，是她旁边的那位。"主人愤怒地说："那是我的女儿。"客人很尴尬，呆若木鸡再也不知道怎么说了	倾听案例故事，积极思考，踊跃发言		
学习目标	2 分钟	了解社交礼仪一般原则； 　　掌握根据不同的交际对象和交际场景合礼做好自我介绍、介绍别人、被别人介绍的要领；正确运用称呼礼仪给交际对方留下良好印象	记好相关笔记 遵守相关要求		
前测	5 分钟	开启微助教本章题目	完成前测测验		

（续表）

教学设计	时间分配	教师教学行为	学生学习行为	育人因素挖掘转化
参与式学习	75分钟	线上提前布置任务，线下组织讨论交流、情景表演等活动 1. 每组同学收集4个以上称呼难题（生活中、工作中选择称呼觉得特别困难的场景）、4个以上具体介绍场景（指定场景下，给定明确的被介绍对象，需要其他小组判定介绍顺序），课上以小组为单位进行相互提问。问答情况记入小组积分。 2. 通过自学慕课和查阅资料，每位同学归纳3个有效的自我介绍小技巧 3. 某公司与天马广告公司（一男一女）一起合作一个项目，项目成立专门项目小组，办公地点在某公司，由该公司张某负责。现在某公司考虑到工作量，给张某增派一位他原办公室的同事（女）来支援，今天是同事与天马合作人员的第一次见面。线下课堂将请各小组表演该介绍场景 4. 在社交舞会上，一位男性朋友在会场中心位置找到舞会主办者，表明他想要结识主办者所认识的一位坐在角落的女士。线下课堂将请各小组表演该介绍场景。请从朋友找主人开始，表演主人作介绍的全过程 延展思考： 1. 礼仪课堂上这么多的帅哥美女，难道你不想让他们都认识你，扩大你的社交圈，丰富你	1. 按照教师讲授的内容整理笔记，并形成本讲的知识框架思维导图 2. 分小组练习 ① 收集4个以上称呼难题（生活中、工作中选择称呼觉得特别困难的场景）、4个以上的具体介绍场景（指定场景下，给定明确的被介绍对象，需要其他小组判定介绍顺序），以小组为单位进行相互提问 ② 记录小组交流成果并作为过程考核依据 3. 分小组进行情景表演，组间相互点评	1. 学习者能通过称呼传承中华传统礼仪文化中的"尊人谦己"的文化精髓，展现良好的文化涵养 2. 学习者能通过自我介绍展现"与人为善"的个人修养，能通过自我介绍传递亲切、友善的信息 3. 学习者能通过介绍传承中华传统礼仪文化中的"尊人谦己""尊重长辈""以客为尊"的文化精髓，弘扬"尊重妇女""尊重上司"的现代礼仪文化，展现良好的文化涵养

(续表)

教学设计	时间分配	教师教学行为	学生学习行为	育人因素挖掘转化
参与式学习	75分钟	的大学生活吗？还在等什么，大胆走上讲台，跟新朋友来段自我介绍吧！（未完,待续……） 2. 参加面试,有什么好怕的！先去跟前台打声招呼,再看看公司怎么安排的吧！ 集体面试,领导您想听我的自我介绍,很简单哟,我是这样做的！ 3. A、B都是你的好友： ① 你和姐姐在家,A来了,如何为他们作介绍？ ② A与你一起在A家,B来了,如何为他们作介绍？ ③ A与你在你家,B来了,如何为他们作介绍？ 4. 有一对情侣,都希望通过一次聚会将自己最好的朋友介绍给自己的另一半认识,根据你所学习的礼仪介绍顺序和规则,你建议他们应该如何来作介绍？ 男1、男2、女1、女2 谁做介绍人？ 介绍顺序是什么？		
后测	3分钟	开启微助教本章题目	完成后测测验	
总结	2分钟	根据不同的交际对象和交际场合礼做好自我介绍、介绍人、被介绍人,给交际对方留下良好印象；根据不同的交际对象和交际场景运用介绍表达自己对他人不同的情感 能运用创新思维,在创业就业的过程中,运用介绍礼仪,给他人留下良好印象	听并思考	

(续表)

教学设计	时间分配	教师教学行为	学生学习行为	育人因素挖掘转化
课后线上学习要求					

1. 重点学习浙江广厦建设职业技术大学所用教材《形象与礼仪》第四章相关内容,共计时长17分钟
2. 了解:递送名片、握手礼仪的一般原则
掌握:递送名片、与人握手时如何合礼表达敬意
熟悉:递接名片、与人握手的"四动"
3. 根据慕课中的知识及相关知识链接的内容,准备好递送名片与称呼礼仪的情景演练

表14 服务礼仪(第三章、第四章、第五章)BOPPPS课程教学设计表

课程名称	服务礼仪	教学章节	第三章 社交礼仪 第二节 名片与握手 第四章 求职礼仪 第五章 拜访与接待礼仪		
教师姓名	黄亚兰	授课对象	2019级健康服务与管理专业学生		
教学重点和难点	教学重点: 重点掌握根据不同的交际对象和交际场景使用名片、握手礼;正确运用名片、握手礼仪给交际对方留下良好印象;掌握商务人员着装基本要求与领带打法;掌握电话与拜访预约的基本要领 教学难点: 使用名片、握手礼仪的各种技巧;"三个三";电话预约				
教学方法	讲授法:情景演练 演练法:任务驱动 || 课次	第6次课	教学时长	90分钟
教学设计	时间分配	教师教学行为		学生学习行为	育人因素挖掘转化
导入	3分钟	案例导入: 小林的成长经历——名片与握手礼仪		倾听案例故事,积极思考,踊跃发言	
学习目标	2分钟	了解社交礼仪的一般原则; 掌握根据不同的交际对象和交际场景正确使用好名片、握手礼;正确运用名片、握手礼仪给交际对方留下良好印象;掌握商务人员着装基本要求与领带打法;掌握电话与拜访预约的基本要领		记好相关笔记 遵守相关要求	

(续表)

教学设计	时间分配	教师教学行为	学生学习行为	育人因素挖掘转化
前测	5分钟	开启微助教本章题目	完成前测题目	
参与式学习	75分钟	线上提前布置任务,线下组织讨论交流、情景表演等活动 一、知识回顾(5分钟) 归纳三个有效的自我介绍小技巧,并进行分享 二、秀成果(共计25分钟) 大明公司的销售经理刘先生准备到万达公司洽谈项目。万达公司的总经理王先生和秘书小李负责接待。王总和刘先生素未谋面,小李陪同王总在公司迎接。这时小李该如何作介绍? 播放各小组(3组)的社交礼仪视频作业(每组2分钟) 1. "亮功夫":请小组负责人进行亮点或知识点解读汇报(每组3分钟) 2. "找金子":请其他小组对该小组的成果进行评价(每组1分钟) 3. "矛碰盾":请其他小组对该小组的成果提出问题(每组1分钟) 填写"知识量表",教师组织各个环节(4分钟) 知识量表: 	考核章节	考核知识点	分值	互评
---	---	---	---
问候礼仪	位卑者主动问候尊者	5分	
称呼礼仪	根据场合正确使用称呼公务称呼	5分	
介绍礼仪	介绍顺序:尊者有优先知情权,尊者居后	10分	
介绍礼仪	介绍语言:发起介绍+介绍内容要素	10分			1. 按照教师布置安排的"秀成果""亮功夫""找金子""矛碰盾"各环节开展合作学习、互动学习 2. 分小组练习 3. 记录小组交流成果并作为过程考核依据 4. 分小组进行情景表演,组间相互点评 5. 记好相关笔记并思考	1. 学习者能从递接名片的动作与顺序中感受到"克己""友善",以德立身 2. 学习者能从握手这一掌心交流中分辨中西文化的异同,感受中国文化中的含蓄、克己、敬人和西方文化中的热情、开放

（续表）

教学设计	时间分配	教师教学行为				学生学习行为	育人因素挖掘转化
参与式学习	75分钟	（续表）					
		考核章节	考核知识点	分值	互评		
		介绍礼仪	介绍过程中介绍者与被介绍双方的仪态表情	5分			
		介绍礼仪	被介绍双方：主动热情（动眼、动口、动手、动身）	5分			
		名片礼仪	递接顺序：（尊者有优先知情权）尊者居后；同方尊者居前	5分			
		名片礼仪	名片放置的位置	5分			
		名片礼仪	名片递接的要求（动眼、动口、动手、动身）	20分			
		握手礼仪	伸手顺序：（尊者有优先选择权）尊者居前	5分			
		握手礼仪	握手的动作（对尊者、对女士）	10分			
		综合运用	能结合场景综合流畅地运用各个知识点，并尽可能多地将知识点设计进情景练习中	15分			

三、精讲重点(10＋15分钟)

动眼：面带微笑、注视对方

动口：这是我的名片，请多指教；我是××，很高兴能认识您；××，认识您是我的荣幸

动手：双手夹送或托送；胸前高度；正面45度递出；弧形；捏好上端两角

动身：起立；靠近或前倾；15度

握手顺序：问答式

握手方式：常规式；男女握手式；好友重逢式；上下级、长晚辈（演练式）

职场服饰"三个三"：

1. 三色原则（深色、黑色、藏蓝、灰色）
2. 三一定律（三"皮"一色）
3. 三大禁忌（袜子、商标、扣子）

(续表)

教学设计	时间分配	教师教学行为	学生学习行为	育人因素挖掘转化
参与式学习	75 分钟	四、实践练习(5 分钟) 领带打法练习 五、谈论运用(5 分钟) 武汉生物工程学院近几年的毕业礼物；请你设计今年的毕业礼物 六、巩固练习(10 分钟) 1. 在社交舞会上，一位男性朋友在会场中心位置找到舞会主办者，表明他想要结识主办者所认识的一位坐在角落的女士。请从朋友找主人开始，演练主人作介绍的全过程 2. 拜访礼仪：家庭拜访找茬		
后测	3 分钟	开启微助教本章题目	完成后测测验	
总结	2 分钟	知识点接龙：12 位同学每人说一个	参与接龙	

课后线上学习要求

1. 学习浙江广厦建设职业技术大学所用教材《形象与礼仪》第五章相关内容
2. 了解：拜访礼仪、行进引领礼仪、乘车接待礼仪、会议礼仪
3. 根据慕课中的知识及相关知识链接内容，准备情景演练

表15　服务礼仪(第五章)BOPPPS课程教学设计表

课程名称	服务礼仪	教学章节	第五章　拜访与接待礼仪		
教师姓名	黄亚兰	授课对象	2019 级健康服务与管理专业学生		
教学重点和难点	本章重点： 掌握电话与拜访预约的基本要领；掌握沟通的技巧与禁忌；掌握行进引领和乘车中的位次、座次安排规则，能熟练灵活地运用规则；掌握会场准备与排列会议座次的基本要求；掌握宴请座次的基本规则 本章难点： 根据不同的情景与对象，灵活使用行进引领、乘车、会议、宴请的座次安排规则				
教学方法	任务驱动讨论法	课次	第 7 次课	教学时长	90 分钟

(续表)

教学设计	时间分配	教师教学行为	学生学习行为	育人因素挖掘转化
导入	4分钟	导入： 1. 梳理课程知识框架，厘清本章在课程中的重要位置 （礼仪知识框架图：礼仪—点 个人礼仪/线 社交礼仪/面 职场礼仪；仪容、表情、仪态；介绍、称呼问候、名片、握手；拜访、接待、宴请与会议） 2. 提问：通过学习慕课，回答本章具体包括哪些内容 （拜访与接待礼仪思维导图：①拜访礼仪—预约与电话礼仪、商务拜访沟通礼仪；②接待礼仪—行进引领、乘车座次；③会议与宴请礼仪—会场准备与会议位次、宴酒座位）	听教师讲授，参与回答互动	1. 学习者能在使用电话、微信等通讯工具时，展现出热忱、关心与体贴，展现良好的文化涵养 2. 学习者能通过礼品的选择传承中华传统文化中"礼轻情意重"的价值观
前测	5分钟	开启微助教 本章题目来源为慕课学习的识记型知识点以及学生通过自学慕课后所拍摄的应用型视频中的错误点（因课堂节奏设计，前测与学习目标顺序稍加调整）	参与答题	
学习目标	1分钟	1. 掌握预约的要求与技巧；掌握电话使用礼仪； 2. 能识记并灵活运用行进引领的位次与乘车、会议、宴请中的座次安排规则； 3. 能在拜访中合礼表达尊重，突出客随主便；能在接待中考虑周全，使客人感到"宾至如归"	记好相关笔记	

（续表）

教学设计	时间分配	教师教学行为	学生学习行为	育人因素挖掘转化
参与式学习	74分钟	基于课前"五学"（任务导学、PPT自学、MOOC助学、合作互学、在线测学）的学习情况进行线下课堂教学设计： 一、精讲留白+教师示范（10分钟） 1. 小兰的公司拜访视频播放（预约、仪表仪态、社交见面礼仪、沟通礼仪、拜访时间与告辞礼仪等） 2. 教师就"秀成果"环节做个示范 | 考核内容	"亮功夫""找金子"得分点	"矛碰盾"（提建议）
---	---	---
个人礼仪	仪容得体，仪态端庄		
社交礼仪	称呼合宜，问候热情，介绍顺序得当，名片递接正确，握手顺序正确、大方得体		
沟通礼仪	用语亲切，符合场合，善于赞美，善找话题		
拜访礼仪	提前预约，预约要素齐全，客随主便		
	电话接听及时，主动问候，自报家门，用语礼貌		
	如约而至，彬彬有礼，适时告辞		| 二、秀成果——完成知识拼图（每组负责主攻一个板块，用拼图的方式完成所有知识内容的实践运用）（共计22分钟） 主要针对电话预约与沟通、行进引领、乘车座次这三个实用性强，且适合以情景演练的形式进行综合运用呈现的知识板块，要求学生以视频载体呈现学习结果和效果，突出课前自主学习、合作学习、体验学习、探究学习	1. 按照教师布置安排的"秀成果""亮功夫""找金子""矛碰盾"各环节开展合作学习、互动学习 2. 在教师提供的量表中进行互评 3. 记录小组交流成果并作为过程考核依据 4. 记好相关笔记并思考	1. 学习者能从拜访礼仪中感受到中华传统文化中的"君子之交""礼尚往来""非礼勿听""客随主便"等观念 2. 学习者能从接待礼仪中感受中华"礼仪之邦"的"热情好客""礼敬尊者"等观念 3. 学习者能从上座的安排中感受中华"礼仪之邦"的"热情好客""礼敬尊者"等文化底蕴

(续表)

教学设计	时间分配	教师教学行为	学生学习行为	育人因素挖掘转化
参与式学习	74分钟	视频提前发给学生预习，提出任务要求，并提供知识点量表作为学习框架，确保课前合作学习、探究学习的效果 播放各小组的社交礼仪视频成果，要求学生填写量表，教师组织各个环节，抓好"五点"：偏差错误点、碰撞争论点、思维闪光点、知识热点、更新点、疑难困惑点 1."亮功夫"：请小组负责人进行亮点或知识点解读汇报 2."找金子"：请其他小组对该小组的成果进行评价 3."矛碰盾"：请其他小组对该小组的成果提出问题 三、接龙总结：本堂课知识点接龙小结(共计3分钟) 四、第二堂课：解疑惑——精讲重难点,讲解困惑点(13×3分钟) 1. 会议座次——小型会议(练习测试) 串讲重点 "思、写、享、议" 教师讲解 2. 会议座次——大型会议(练习测试) 串讲重点 "思、写、享、议" 教师讲解 3. 宴请座次(练习测试) 串讲重点 "思、写、享、议" 教师讲解		

(续表)

教学设计	时间分配	教师教学行为	学生学习行为	育人因素挖掘转化
后测与总结	6分钟	教师对本讲内容进行全面梳理,形成较详细的知识量表,同学完成量表自评互评的同时,完成本讲知识点的梳理 做好"五评":评基础知识与技能掌握情况,评学习习惯与学习过程,评实践创新能力,评情感态度,评合作能力	完成后测题目,倾听并参与梳理	

课后线上学习要求

1. 学习浙江广厦建设职业技术大学所用教材《形象与礼仪》第七章的相关内容
2. 了解:求职时的简历材料要求
3. 根据慕课中的知识及相关知识链接的内容,结合个人情况准备写一份简历

(四) 拜访接待礼仪——课程思政教学设计教案

公关礼仪课程思政教学设计教案见表16。

表16 公关礼仪课程思政教学设计教案

课程名称	公关礼仪("求职礼仪与职场形象塑造"MOOC)		
授课对象	2017级本科生	课程负责人	黄亚兰
章 节	第四章 职场拜访礼仪 第一节 拜访迎访,塑造社交职场形象		
教学目的和要求	知识目标:学习者能系统掌握拜访的时间、行为要求、禁忌;系统掌握接待工作中的邀请、准备、迎客、引领、上下楼梯、乘坐电梯等的流程与位次 能力目标:学习者能正确运用拜访礼仪;能根据场景熟练运用邀请、准备、迎客、引领、上下楼梯、乘坐电梯、上茶、乘车等的流程与位次 素质目标:学习者能从拜访礼仪中感受到中华传统文化中的"君子之交""礼尚往来""非礼勿听""客随主便"等观念,能从接待礼仪中感受中华"礼仪之邦"的"热情好客""礼敬尊者"等观念		
重点难点	重点:拜访时需要注意的服饰、见面礼节、预约礼仪;迎访接待工作需要注意的会场、茶水、乘车礼仪 难点:公司商务谈判的会场布置		

(续表)

教学进程	课前： 1. 完成慕课"求职礼仪与职场形象塑造"第9讲的线上教学视频、拓展资料的学习，完成平台习题，搭建本讲基本知识体系框架 　　完成教师发布的线上讨论问题，提出学习中的困惑点 2. 按照教师所布置给各小组的学习任务，各小组做好课前准备工作。引导小组思考讨论： 第一小组任务：按照第二章线上、线下要求学习礼仪规范，做好不同场景拜访时的服装选择示范。其中2位同学展示商务拜访时着装的正、反示例；2位同学展示社交拜访时着装的正、反示例；1位同学负责解说 第二小组任务：按照第四章线上所学礼仪规范，做好拜访预约示范。小组成员分别自设情景演绎社交拜访与商务拜访时的预约沟通 第三小组任务：按照第三章线上线下所学礼仪规范，做好不同场景拜访时的见面礼节示范。小组成员分别自设情景演绎商务拜访时的介绍、名片、握手礼节 第四小组任务：按照第四章线上所学礼仪规范，做好公司商务谈判的会场布置工作。主要包括会场环境、桌签、茶水服务等 第五小组任务：按照第四章线上所学礼仪规范，做好迎访接待工作。派出4位同学模拟乘车场景。情景如下： 办公室人员小李接到通知，今天上午9点从公司停车场出发，和司机小王一起去高总家楼下接高总，然后去客户杜总所在公司接杜总，之后前往总公司参加一个庆典活动。需要按照要求演绎每一步的情况：（特别注意各个环节的座次情况和动作仪态） 　　小李在停车场找到小王：上车的情景 　　高总家楼下：高总上车的情景 　　杜总所在公司楼下：杜总上车的情景 　　由于高总和杜总闲聊时发现，两人均爱好驾驶，因此，返程时高总坚持要自己开车，此时的座次又应该是怎样的？ 　　课前自主学习——线上布置任务——小组进行讨论——协作完成任务——课中进行展示——课后实践拓展
	课中： **第一节　拜访迎访，塑造社交职场形象** 导入案例 中国台湾经营之神：王永庆的拜访之道 　　在米店工作一年后，王永庆在父亲的帮助下，自己在嘉义县城开了一家很小的米店。但是开张之初米店的经营很不顺利，因为城里的居民都喜欢在自己熟识的米店里买米 　　针对这样一种情况，只有16岁的王永庆主动一家一家地拜访附近

(续表)

教学进程	的居民,一户一户地劝说人家试吃他的米。在这个过程中,王永庆注意自己的仪容仪表、言谈举止,用良好的形象以及诚恳的态度去打动被访者 在拜访的过程中,王永庆还注意收集顾客的用米情况和存米情况,一旦估算到顾客的米快吃完时,王永庆就主动把米送到顾客家中,并主动把缸里的陈米掏出来,把新米放在陈米的下面。经过这样一种细致入微的商务拜访和贴心服务,王永庆的米店经营情况得到了改善,营业额远远超过了同行 请同学们用自己的语言归纳王永庆的拜访之道 教师小结:"四心"(注意示范沟通时语言的凝练,并引出拜访中礼仪的重要性) 1. 精心修饰(良好的形象) 2. 用心沟通(诚恳的态度) 3. 细心观察(估算米快吃完了) 4. 贴心服务(主动送米,推陈出新) 拜访接待是人们联络感情、扩大信息来源、增进友谊、沟通关系的有效方法。然而有礼走遍天下,无礼寸步难行 今天我们通过五个小组任务,一是复习前面已学知识,使旧知与新知相互连接,加深学生对个人礼仪、社交礼仪实践运用的能力;二是对本讲内容进行高阶拓展,帮助学生搭建理论联系实践的桥梁 **一、合礼修饰,不做邋遢之客** 教学设计:任务驱动(温故知新) 第一小组通过形象展示、小组解说深化知识、强化能力、提升素质。学生通过展示不同场景的服装搭配,搭建旧知与新知之间的桥梁,在新的场景下运用前面所学的知识。通过任务驱动,引导学生形成以自主学习、合作学习、拓展学习、体验学习、实践学习"五位一体"的学习习惯 教师对要点进行点评: 公务拜访: 1. 发型"三不"——前不遮眉、侧不盖耳、后不过领 2. 面部"两无"——无异味、无异物 3. 服装"三个三"——三色原则、三一定律、三大禁忌 4. 鞋袜——色彩协调 社交拜访: 1. 配色和谐 2. 扬长避短 3. 展示个性 其他小组学生对本小组完成情况进行简单点评,并在线上进行讨论、投票

（续表）

教学进程	

（教学活动图片一——求职服饰展示）

二、提前预约，不做不速之客
教学设计：情景演练（新知线下延展）
第二小组通过情景演练来深化知识、强化能力、提升素质
其他同学提出意见和建议（通过提意见和建议巩固所学知识，提出学生自己的观点）
教师对要点进行点评并示范：
1. 预约应该包括的"四何"——何时、何地、何人（人数、人员身份）、何事
2. 预约沟通：客随主便

（教学活动图片二——拜访电话预约）

三、彬彬有礼，不做冒失之客
教学设计：情景演练（温故知新） |

(续表)

教学进程	
	第三小组通过情景演练来深化知识、强化能力、提升素质
教师对要点进行点评：
介绍
1. 顺序：尊者居后
2. 表述：祈使句＋四要素＋黏合句
3. 对象：表达交往热情
名片
1. 动身：站立递接
2. 动口：自我介绍＋表达热忱
3. 动眼：面带微笑、目视对方
4. 动手：双手递接、正面朝人、胸部高度、弧线递出、角度倾斜
握手
1. 顺序：尊者居前
2. 动作：平等式、手套式、捏手指式
3. 时间：3～5秒
其他组同学对本小组完成情况在线上进行讨论、投票、点评

（教学活动图片三——握手练习）

四、主雅客勤，上座上茶表尊敬
  教学设计：任务驱动(新知线下延展)
  第四小组通过完成布置会场、做好茶水服务等任务来深化知识、强化能力、提升素质
  其他同学提出意见和建议，通过所提的意见和建议反映线上课程学习的掌握情况
  教师对要点进行点评指导： |

（续表）

教学进程	会场布置： 氛围：光线充足、环境优雅、干净整洁 桌签——上座 1. 面门为上 2. 居中为上 3. 以右为尊（区分动态的右和静态的右） 4. 远门为上 茶水： 1. 浅茶满酒 2. 快、雅、敬 3. 尊重优先、由近到远、顺时针  （教学活动图片四——会场布置摆放桌签）  （教学活动图片五——上茶练习） 五、乘车有礼，公务私人须区分 教学设计：角色扮演（新知线下延展） 第五小组通过完成扮演不同的角色、完成乘车时座次安排等任务来深化知识、强化能力、提升素质 其他同学提出意见和建议，通过所提的意见和建议检查线上课程学习的掌握情况 教师对要点进行点评指导： 办公室人员小李接到通知，今天上午9点从公司停车场出发，和司机小王一起去高总家楼下接高总，然后去客户杜总所在公司接杜总，之后前往总公司参加一个庆典活动。需要按照要求演出每一步的情况：

（续表）

教学进程	1. 小李在停车场找到小王：上车的情景 此情景介于公务与私人之间，小李坐副驾。对同事更为尊重，平起平坐，主动表示友好 2. 高总家楼下：高总上车的情景 此情景为公务场景，小李下车给高总开门，请高总坐后排右座 3. 杜总所在公司楼下：杜总上车的情景 此情景为公务场景，小李与高总一起下车给杜总开门，请杜总坐后排右座，小李再请高总坐后排左座 4. 由于高总和杜总闲聊时发现两人均爱好驾驶，因此，返程时高总坚持要自己开车，此时的座次又应该是怎样的 此情景为社交场景，高总坐副驾，小李、小王坐后排 课堂小结：简单梳理本讲的重点难点，强调礼仪在于细节 拜访接待工作中，很多细节需要关注，无论是个人形象、电话预约、见面礼节，还是会场布置、茶水安排、乘车座次安排均需注意，符合礼节的拜访和接待，才能给客人更周到更温暖的"宾至如归"之感，才能给主人更细心更贴心的"有朋自远方来"之乐
作　业	1. 本周内进行一次拜访实践，场所可选择在本校教师办公室或在家里，拜访时请该教师对此次拜访作出简单的评价，并上传至班级群 2. 在限定时间内完成下一讲线上课程的学习，并做好下一次线下课程学习任务的准备
总结分析	拜访接待是人们联络感情、扩大信息来源、增进友谊、沟通关系的有效方法，礼仪与沟通在其中至关重要 总之，一句话：礼仪——有礼走遍天下，无礼寸步难行

本次课是线下"三课"（辅导课：以梳理核心知识点，讲重点为主；答疑课：以答疑解惑为主；实训课：以职业情景模拟和校外企业实践为主）中的实训课。教师根据网络平台的数据分析和互动情况，梳理总结学生在自主学习过程中的难点、疑点，设计满足学生需求的线下教学方案，激发学生学习的积极性与参与度，从而构建礼仪知识和技能的学习体系。本次课程教学实施过程分为导入、实施（任务驱动、情

景演练、角色扮演)、小结三个阶段。

拜访迎访是礼仪知识"点线面"中的面,是前面个人礼仪、社交礼仪的综合运用场景。

教学实施过程中,充分体现了"一主线、两主体、三维度、四框架、五引导"的教学特色。以提升学生人文素质、职业礼仪素养为主线,探索教师、学生"两主体"(教师的主体性体现在全方位、全过程的教学设计,学生的主体性体现在多阶段、多角度的思考)教学,从"教学内容""教学方式(线上线下)""考核方式(过程考核)"三个维度探索全方位、全过程的混合式教学模式改革。以"职业(构设职业场景)、价值(强调明德尊礼)、文化(弘扬优秀传统文化)、网络(拓展教学时空)"四个框架搭建从礼仪到思政的桥梁,打造全方位融入式课程思政。教师通过教学设计,以完成任务为导向,设计"课前自主学习——线上布置任务——小组进行讨论——协作完成任务——课中进行展示——同学建议点评"等任务,以解决问题为驱动,打造体验式课堂,引导学生形成自主学习、合作学习、拓展学习、体验学习、实践学习"五位一体"的学习习惯。

本次的教学内容包括五个知识板块。第一、三个知识板块均为已学知识的延展,将旧知联系新的场景,强调知识的应用;第二、四、五个知识板块为线上所学知识的深化。通过新旧知识板块的穿插,一方面调整课堂节奏,另一方面可以针对重点难点问题,通过由教师设置任务、同学构设场景,学中练、练中学,培养学生独立思考能力、综合运用知识解决实际问题的能力。自主、协作学习,并汇报学习结果,培养学生及时吸收、及时消化所学知识的方式,培养学生既独立、又合作的能力。

具体教学实施流程见表17。

表 17　公关礼仪课程教学实施流程表（职场拜访礼仪）

课程名称		公关礼仪（"求职礼仪与职场形象塑造"MOOC）		
授课对象		2017 级本科生	课程负责人	黄亚兰
教学流程设计				
设计		教师主体活动	学生主体活动	
课前	布置任务	1. 完善线上课程资源	1. 学习线上资源，参与讨论答题	
		2. 线上布置任务	2. 小组讨论协作，完成课前任务	
课中	B 导入 O 目标 P 前测 （3.5 分钟）	通过案例、问答引导学生走入课堂，明晰学习目标，初步了解学生的掌握情况，并引出金句：有礼走遍天下，无礼寸步难行	1. 归纳王永庆的拜访之道 2. 从教师的示范中感受到礼仪与沟通的重要性	
	PART1 参与性学习 任务驱动 （温故知新） （5 分钟）	1. 组织第一小组进行汇报展示 2. 点评要点（回顾已学知识，点评应用情况，连接新旧知识）	1. 汇报展示小组协作成果 2. 组长对于小组设计进行点评 3. 线上延展讨论，踊跃发言	
	PART2 参与性学习 情景演练 （新知线下延展） （10 分钟）	1. 组织第二小组开展情景演练 2. 深化讲授要点（延展线上教学内容，点评应用情况，突破重点难点）	1. 演练小组准备的情景剧 2. 提出意见建议 3. 学习巩固重难点	
	PART3 参与性学习 任务驱动 （温故知新） （12 分钟）	1. 组织第三小组开展情景演练 2. 点评要点（回顾已学知识，点评应用情况，连接新旧知识）	1. 演练小组准备的情景剧 2. 提出意见建议 3. 学习巩固重难点 4. 线上延展讨论，踊跃发言	
	PART4 参与性学习 任务驱动 （新知线下延展） （7 分钟）	1. 组织第四小组开展情景演练 2. 深化讲授要点（延展线上教学内容，点评应用情况，突破重点难点）	1. 演练小组准备的情景剧 2. 展示小组协作成果 3. 提出意见建议 4. 学习巩固重难点	

（续表）

设计		教师主体活动	学生主体活动
课中	PART5 参与性学习 角色扮演 （新知线下 延展） （6分钟）	1. 组织第五小组开展角色扮演 2. 深化讲授要点（延展线上教学内容，点评应用情况，突破重点难点）	1. 演练小组准备的角色扮演 2. 展示小组协作成果 3. 提出意见建议 4. 学习巩固重难点
	后测/ 总结 （1.5分钟）	强调礼仪与沟通在拜访接待中的重要性	1. 通过教师小结，进一步消化理解本讲的重点难点 2. 从"知、行、情、意、创"等方面进行自评互评
课后	布置 任务	1. 实践任务：本周内进行一次拜访实践，场所可选择在本校教师办公室或在家里，拜访时请该教师对此次拜访写个简单的评价，上传至班级群 2. 学习任务：在限定时间内完成下一讲线上课程的学习	1. 小组协作完成实践任务 2. 个人进行网络自主学习

（五）介绍礼仪——课程思政教学设计教案

一、概述

采用三段设计，分别为：

课前重记忆理解，教师按照确定目标、优化资源、发布任务、跟踪督学、分析数据、在线答疑、调整方案7个步骤完成；学生按明确任务、利用资源、自主学习、在线测试、记忆理解、小组讨论、提出困惑7个步骤完成。

课中重互动应用，教师按创设情境、测试互动、答疑解惑、精讲重点、归纳总结、指导评价、促进巩固 7 个步骤完成;学生按展示成果、小组协作、以问促思、能力训练、边评边学、研讨交流、巩固知识 7 个步骤完成。

课后重评价与拓展,教师按评估效果、注重产出、拓展任务、个性答疑、组织讨论、教学反思 6 个步骤完成;学生按自评互评、学习反思、内化沉淀、拓展学习、在线测试、知行合一 6 个步骤完成。

二、基于"逆向教学设计"的方案(以"介绍礼仪"课时教学为例)

【课前准备】

目标分析:

知识目标:学习者能系统掌握介绍的时机、顺序、姿态、内容要素等理论知识。

能力目标:学习者能灵活运用介绍礼仪,在不同场景,针对不同对象做好介绍人;能通过观察他人的介绍,评价其优势与不足,并学习借鉴或提出修改意见。

素质目标:学习者能通过介绍礼仪,传承传统文化中的"尊人谦己""尊重长辈""以客为尊"的文化精髓,弘扬"尊重女性""尊重上司"的现代礼仪文化,展现良好的文化涵养。

学情分析:本节为第三章第一节内容。通过前面共计 8 学时的学习,学生在自主学习、合作学习、探究学习等方面将有明显的变化,能够主动学习线上资源,积极深入地参与讨论,小组成员间配合默契,学生能提出较新颖的观点或问题。

教师可以逐步放开手,教学框架向组织线上线下综合性教学活动转移,可适当提高"双线"学习任务难度、强化完成任务时学生的主观能动性。

课前线上学习：学习通发布线上学习任务单。

线下课堂教学活动总体设计。导入：冲突引趣、情景体验。目标："三维"目标、产出标准。前测：随机选人、考核记忆。参与性学习：第一关师生互问，以问促思；第二关情景演练，边练边学、边评边学；第三关小组讨论、拓展思考。后测：填出门卡，内化知识。总结：思维导图，梳理框架。

【教学实施流程说明】

① 本次课是线下"三课"（辅导课：以梳理核心知识点，讲重点为主；答疑课：以答疑解惑为主；实训课：以职业情景模拟和校外企业实践为主）中的答疑课＋实训课。教师根据网络平台的数据分析和互动情况，梳理总结学生在自主学习过程中遇到的难点疑点，设计满足学生需求的线下教学方案，激发学生学习的积极性与参与度，从而使学生成功构建礼仪知识体系、习得技能。

② 本次教学最主要的参与性学习环节分为三关：从顺序的识记到实际问题，从问题到情景演练，从演练到学会去评价他人的问题并提出自己的对策。针对重难点问题，学生提问，教师答疑解惑；通过教师设置任务、同学构设场景，学中练、练中学，培养学生独立思考能力、综合运用知识解决实际问题的能力。自主、协作学习，并汇报学习结果，培养学生既能独立学习、又能合作学习的能力。

③ 整个教学过程中，教师密切关注学生的反应，对于表现良好的学生及时给予肯定鼓励，对于任务完成情况略有不足的学生，适当地进行帮扶，对于学生通过自学后需要进一步完善的地方，进行精准点拨，保证课堂整体教学效果。

具体教学实施流程见表18。

表 18　公关礼仪课程教学实施流程表(介绍礼仪)

课程名称	公关礼仪("求职礼仪与职场形象塑造"MOOC)		
授课对象	2017 级本科生	课程负责人	黄亚兰

教学流程设计

设计		教师主体活动	学生主体活动
课前	布置任务	1. 完善线上课程资源	1. 学习线上资源,参与讨论答题
		2. 线上布置任务	2. 小组讨论协作,完成课前任务
课中	导入 B (2 分钟) 冲突引趣 情景体验	通过特意制造的因介绍缺失而导致的不和谐冲突,引起学生对介绍礼仪的关注	3. 在真实情境中体验守礼与失礼场景的不同内心感受 4. 从情感态度方面认可介绍礼仪在和谐人际关系中的作用
	目标 O (1.5 分钟) "三维"目标 产出标准	讲解三段设计、"三维"目标与产出及其评价标准	更深层次地参与学习、自主学习,探究学习和做好学习效果的自我评价与反思,养成良好学习习惯
	参与性学习 PART1 (17 分钟) 师生互问 以问促思	1. 要求学生提出线上自学、小组讨论后尚存的疑问,督促学生思考讨论、深度学习,查找自学难点、疑点 2. 从学生的问题中,通过平台数据、教学经验、提出问题的本质等信息,挖掘重难点、易错点、困惑点,并进行精讲和答疑 (预备学生提 3~4 个问题,控制在 13 分钟左右) 3. 通过短视频、小动画、学习通、随堂练习等方式将易错点以小故事的形式加以呈现,再根据学生答题情况讲解答疑	1. 通过思考,提出问题 2. 倾听教师的精讲和答疑 3. 思考后回答教师提出的问题 4. 完成从识记到实践应用的第一步,能联系生活工作,解决实际问题

（续表）

设计		教师主体活动	学生主体活动
课中		4. 紧扣学生问题，充分发挥线下面对面教学的情感互动优势，深入挖掘并强调思政元素，讲好"思政点"促进学生思考消化，落实价值引领。并完成从识记到实践应用的第一步，能联系生活和工作，解决实际问题	
	参与性学习PART2（15分钟）情景演练边练边学边评边学	1. 提前布置情景演练，选好表演组和观摩组。要求表演组同学通过线上学习、小组讨论进行预演彩排；要求观摩组同学通过线上学习具备评价的基本知识储备 2. 提供情景 3. 点评总结（回顾已学知识；点评应用情况；结合新旧知识） 4. 点评要点 介绍时机要考虑三个方面：一是双方愿意，二是双方方便，三是环境合宜 介绍仪态表情方面，要注意三个方面：一是眼神；二是手势；三是站姿 介绍内容方面，要注意三个方面：一是发起介绍；二是介绍四要素，即单位、部门、职位、姓名；三是附加说明 被介绍人的礼仪，要注意三动：动身，动手，动口	1. 表演组学生在准备与练习中将知识与技能落实到位 2. 观摩组学生在观看、点评中将知识与技能落实到位 3. 边听边思考师生对情景表演的点评和知识梳理 4. 通过该项活动完成从识记到实践应用的第二步，能联系复杂场景，自如地解决问题

(续表)

设计		教师主体活动	学生主体活动
课中	参与性学习 PART3（3.5分钟）小组讨论拓展思考	1. 提供反面案例视频 2. 引导学生进行总结性思考与知识积累	1. 通过该项活动完成从识记到实践应用的第三步 2. 能够自省与评价，发现不足并加以改善 3. 在评论与思考中将知识点、技能点、素质点进一步学习到位
	后测（2分钟）填出门卡内化知识	1. 提供出门卡模板 2. 通过出门卡的填写，引导学生自行梳理知识点、技能点、素质点，促进知识、能力、素质内化。	1. 填写出门卡 2. 在填写时，梳理知识点、技能点、素质点，促进知识、能力、素质的内化
	总结（2分钟）思维导图梳理框架	1. 通过师问生答的思维导图逐渐细化展开 2. 引导学生回顾总结，构建知识框架体系	通过教师小结，对于本讲的重点难点进一步进行消化理解，形成知识框架
课后	布置任务	1. 实践任务：本周内至少实践1次介绍礼仪，可选择公务或社交场景。结合学习与实践，写好学习反思 2. 学习任务：在限定时间内完成下一讲线上课程的学习	1. 小组协作完成实践任务 2. 个人网络自主学习

三、"文化"礼仪维度

（一）传承优秀中华传统礼仪文化的有效路径研究

习近平在党的十九大报告中指出："要深入挖掘中华优秀传统文化蕴含的思想观念、人文精神、道德规范，结合时代要求继承创新，让中华文化展现出永久魅力和时代风采。"中华优秀传统文化是民族与国家发展的精神载体,中华礼仪文化则是中华优秀传统文化的精华。传统礼俗文化的传承和现代礼仪教育教学的改革创新,对于增强大学生的文化自信、帮助大学生树立正确的价值观等均具有深远的影响。

武汉生物工程学院礼仪教育教学团队针对大学生的特点,结合大学生不同时期的成长成才需要,设计了立体的课程体系。通过"入学礼仪教育、专业礼仪教育、求职礼仪教育"三个阶段的教育,打造全过程融入式礼仪教育,将礼仪教育贯穿大学生成长成才的全过程。从"行业、价值、文化、网络"四维角度搭建从礼仪课程到"思政+""企业+""互联网+""实践+"的桥梁,打造全方位融入式礼仪教育。基于以上"三阶四维"的总体设计,明确培养目标、优化培养模式、创新培养机制、探索培养路径、夯实培养保障,不断提升学生的礼仪素养,取得了显著实效。

其中的"文化"维度,一是指挖掘和弘扬优秀的传统文化,二是指营造与建设良好的校园文化。中华传统文化中确立的礼之秩序,不仅是对人言行举止的规范,更是中国人的民族品格和道德修养之源,对于传统文化的继承,是提升文化自信、文化自觉的重要手段,更是全民族形成凝聚力的动力之源。另外,在校园内,礼仪文化的建设是校园文化建设的关键一环,礼仪文化可以在更高层面上提出要求,敦促学生提高道德品质。对于礼仪教育教学"文化"维度的设计及传承中华传统礼仪文化的有效路径探索,武汉生物工程学院的做法如下。

1. 深挖内涵,立足课堂传承礼仪

中华民族为"礼仪之邦",优秀中华传统礼仪是中华文明的核心内容,其中蕴含了大量的人生智慧和精神,在仪式、典礼、礼俗、节庆等方面均体现了丰富的文化内涵和道德规范。武汉生物工程学院礼仪教育教学团队依托礼仪课堂教学，充分挖掘传统礼仪文化内涵与现实意义，并对学生进行潜移默化的渗透式教育，彰显出人生礼仪中的家庭、社会责任感，强调仪态礼仪中的谦谦君子风范，突出《士相见礼》中的礼尚往来之美德。以立德树人为基点，把优秀中华传统文化、社会主义核心价值观、地域特色文化贯穿于教育教学设计的始终。

在传统文化传承方面，侧重于对中国经典古代文学作品中礼仪内涵的挖掘与解读，使传统礼仪更加生活化、具体化。如教学中依托《鸿门宴》《林黛玉进贾府》等脍炙人口的名篇来解读传统座次礼仪。

在社会主义核心价值观方面，注重社会主义荣辱观教育，以提高学生的礼仪素养。引导学生自觉遵守公民基本道德规范，养成良好的职业行为习惯。

在地域文化方面，侧重于家风孝道之礼和诚实友好之礼的教学，如"戏彩娱亲"的孝子老莱子、"卖身葬父"的孝子董永、代父从军的巾帼英雄花木兰、"扇枕温衾"的孝子黄香、"哭竹生笋"的孝子孟宗等，再如"高山流水觅知音"的锺子期、一诺千金的季布等。

此外，注重聚焦德智体美劳"五育"，丰富课程内涵。深化"礼仪+"课程体系，加好"十度"："+思政增温度""+文化增深度""+公关心理增宽度""+沟通语言增广度""+形体增热度""+体育操增力度""+美学增坡度""+设计增创新度""+实践增效度""+双创增难度"。

2. 凝练特色，兴建载体融入礼仪

武汉生物工程学院历来高度重视校园文化建设，尤其突出校园景观的文化育人功能，通过建设一系列文化主题园林景观，构建了一条贯通传统文化与时代精神、人文教育与专业教育、道德教育与知识教育的新途径。其中,传统文化系列的文化设施景观对于大学生礼仪教育大有裨益。

(1) 楚风园及荆楚文化

楚风园曾荣获全国高校校园文化建设优秀成果二等奖。该项目占地面积约10 000平方米。建筑群由"求索书院""水杉情缘""楚风流韵""荆楚风流"四大景观组成,由南向北依次展开。楚风园蕴含着浓郁的荆楚风韵,凸显出爱国为民、求索溯源、开拓进取、保故创新等荆楚文化的精神内涵。

"求索书院"为纪念屈原而建,以此传承和弘扬屈原的爱国主义精神、高尚情操和求索精神。屈原铜像、屈原生平、屈原作品等,均以物质载体形式呈现于此,让参观者从中体会到屈原的人格魅力。"水杉情缘"是由数百株树龄20年以上的水杉组成的大片生态景观林。"楚风流韵"主要由"楚风长廊""楚风台""忆三国草堂"等若干楚式风格建筑组成,饰有多副励志修身的石刻楹联和诗词牌匾。"荆楚风流"的主体为一组荆楚历史名人雕像群,包括炎帝、楚先王、楚庄王、老子、屈原、王昭君、诸葛亮、孟浩然、陆羽等13人。以上人文景观不仅有助于师生了解楚文化、楚名人与经典故事,且对自尊自强、爱乡爱国、诚信友善等宝贵品质及礼仪素养的养成,均有着潜移默化的作用。

(2) 桃园广场及士大夫精神

桃园广场以《诗经·桃夭》、三国"桃园三结义"、唐代诗人李白诗《赠汪伦》、晋陶渊明《桃花源记》为文化背景,将桃花文化巧妙地融入造型之中,做到巧而得体,精而合宜。中国桃花文化历史悠久,渗透着文人的士大夫精神。学校依据地势建造桃花文化景观群,通过这些极具人文气息、文化内涵的景观,来激发师生的艺术想象力和对生活、春天、青春的热爱,感受桃花的自然美、民俗美和文化美,以此启发学生的心智,达到环境育人的目的。

(3) 国学馆及琴棋书画

梦江南国学馆是以"传承中华文明,弘扬国学精髓,推广经典教育,普及传统文化"为主旨的传统文化教育基地。建筑面积2500余平方米,包括国学研修室、茶室、棋室、二胡练习室、汉服坊等20余间教室或教学活动场所。

国学馆传统文化氛围浓厚,其中桌椅多选用高档黄梨木制作,雕工精美、古风古韵。馆内墙面装饰选择也十分考究,既有名家名言、名画名作,也有对教室主题进行精要介绍或相关知识延展的图文,可以令学子受优秀中华传统文化教育的耳濡目染,起到环境育人的作用。

3. 创新形式,开展活动体验礼仪

武汉生物工程学院礼仪教育教学团队推进体验学习,通过活动体验,达到"润物无声"的教育效果。突破第一课堂知易行难的礼仪教学困境,充分运用第二课堂优势,构建社交、生活、社会大课堂,提倡终身学习、终身实践。通过"朝读夜听""节俭体验""创践项目"等活动形式,提升礼仪教育的趣味性和吸引力。

(二) 校园文化育人设施与育人功能拓展研究——以武汉生物工程学院晨光湖、桃园广场、国学馆为例

1. 晨光湖简介及其育人功能研究

(1) 武汉生物工程学院晨光湖简介

晨光湖是位于武汉生物工程学院校园中心位置的一个人工湖,始建于 2002 年。晨光湖面积约 10 000 平方米,地势为南高北低,湖东、西、北三面环山,南面朝向晨光湖广场。芦苇小荡、荷塘月色、二泉映月的景色使晨光湖更添了一份神秘感。徜徉其中,看粉墙黛瓦与湖光山色相映成趣;放眼四顾,见山水形胜与人文景观相得益彰。环湖皆绿树,夹道尽鲜花。仰观藏龙、卧虎、狮吼诸岭,或松柏青翠、竹径幽深、梅花傲雪,岁寒三友相聚一处。晨光湖畔,清灵毓秀,四时如画,美不胜收。春季时节,垂柳像少女一样婆娑起舞,鹅黄缀枝梢;盛夏时节,荷花宛若少女一样绽放,亭亭玉立;秋至时节,群鸟争鸣,白鹭时而凌空直冲云霄;寒冬时节,白雪皑皑,银装素裹,万籁俱寂。等到夜幕降临,银汉茫茫群星璀璨明亮,丽湖灯火通明,流光溢彩,恍若梦境。良夜如斯,疑是天境。

晨光湖人文景观区是由晨光湖广场、九龙壁、华表、晨光湖草坪、在水一方、尊孔台等景点组成。

晨光湖广场空旷,视野开阔,绿植环抱,湖光山色。它是武汉生物工程学院各院系、部门和学生团体开展活动的首选之地。

武汉生物工程学院九龙壁位于晨光湖广场的右侧。九龙壁原属于影壁的一种,是汉族建筑物大门外正对大门以作屏障的墙壁。华表位于晨光湖广场左侧。石柱鼎立,石狮群绕,威武俨然。

晨光湖草坪,位于晨光湖西侧,与湖面持平。武汉生物工程学院绿植覆盖率近百分之七十,而晨光湖草坪,就如一块祖母绿宝石,镶嵌其中。草坪地势开阔,东面临湖,深受广大师生喜爱。

狮吼关,因背靠狮吼岭而得名。这也是校园长城中的一个主要的观景平台。狮吼关坐东朝西,寓意东方雄狮已睡醒,朝西方咆哮怒吼,其中体现着浓厚的爱国情怀,也提醒师生勿忘国耻、发奋图强!

中华民族自古以尊师重道为美德。尊孔台位于晨光湖南面,与晨光湖广场隔湖相对,寄托着对中国著名的大思想家、大教育家孔子的尊敬与仰慕之情。

在水一方,取自《诗经·蒹葭》,位于晨光湖东侧,有一从陆地延伸到水面的亲水平台,立于其上仿佛立于波光粼粼的水面。在水一方的篝火晚会也是武汉生物工程学院一绝,让人最为难忘的是为毕业生举办的篝火晚会。

晨光湖形状似中国地图,寓意来自全国五湖四海的莘莘学子要努力学习,报效祖国。环湖三面人工山丘上种植着大量植物,品种齐全,乔木有广玉兰、银杏、垂柳等,灌木有女贞等。常绿树与落叶树搭配,四季景致各有风韵。

(2) 晨光湖育人功能研究

晨光湖于2002年建成,20年间,它见证了武汉生物工程学院的发展与壮大,陪伴了约20万的武汉生物工程学院学子度过他们的大学时光。晨光湖,以其独特的魅力,成为武汉生物工程学院一张特有的文化名片,充分发挥了文化设施的育人作用,体现着以下三方面的育人功能:

① 传统文化的传承载体

晨光湖人文景观区将众多传统文化要素巧妙融合于设计之中,从以景育人、以古谏今、以文化传承的视角,给予学生在立世立德等方面的寄望和警示。

晨光湖广场的左右两边分别以九龙壁和中华表为景。九龙壁俗称照墙、照壁。影壁是由"隐避"演变而成,门内为"隐"、门外为"避",后惯称影壁。龙是中华民族的图腾,九龙的形体有正龙、升龙、降龙,翻腾自如,九龙腾飞,神态各异。正龙威严、尊贵,升龙刚猛而充满力量,降龙则温文尔雅,一派群贤共济、圆满如意的盛世景象!学校以此寄希望于学子学业、事业、人生皆如九龙腾飞在天,蒸蒸日上。中华表则如一根脊梁,巍峨地伫立着,柱顶雕刻一石犼,气势如虹地看着远方,中华表下用护栏加围,每根护栏都雕刻着石狮,这是中华民族建筑的一种风格,更是一种图腾。学校在此处设立华表,是希望莘莘学子勤奋好学,将中华民族的优良传统精神,一直传承并发扬下去。

狮子在我国传统文化中有百兽之王的美誉,其性威猛刚烈,咆哮和怒吼都是力量与气魄的展示,武汉生物工程学院设立狮吼关,正是希望武汉生物工程学院学子有威武不屈、百折不挠的气概。尊孔台则是筑台尊师,孔子铜像矗立其上,至圣名言镶于石壁,道德文章师传千古,寄托着对孔圣人的崇敬和对中华优秀传统文化的向往。

② 爱国爱校情怀的培养平台

在水一方的毕业生篝火晚会是武汉生物工程学院特有的一项毕业文化活动,旨在增进师生情谊,增强学生爱校情结和归属感、自豪感。每年的11—12月,武汉生物工程学院划拨专项经费,开辟专门场地,以院系为单位,以篝火为中心,围绕毕业主题,开展丰富多彩的文化活动。众多毕业生在此留下珍贵的回忆,相信他们无论身在何方,想起母校的篝火,心中都会泛起一阵暖流。

此外,武汉生物工程学院新生军训和毕业生合照留言都会首选在晨光湖广场进行,这种惯例为晨光湖广场增添了一种特殊的意义——母校印象。大学生活的开端和结束,都与此地紧密相连,这也进一步推进了武汉生物工程学院学子爱校情怀的产生和升华。

③ 校园大型活动的主要场地

晨光湖广场是武汉生物工程学院各院系、部门和学生团体开展活动的首选之地。

按时间顺序,每年3月,由校团委举办的"志愿者文化节"就会在此盛大开幕,学校青年志愿者协会以及阳光爱心社等社团都会参与其中,尽展志愿者魅力,弘扬自觉奉献、感恩社会的新风尚。

民以食为天,食品系举办的"谷雨食节"紧随其后。在谷雨食节上,食品系学生会自己动手制作各种各样的美食,供全校师生品尝。这项活动不仅仅是广大"吃货"们的福音,更重要的是它亦能传承优秀中华传统文化,使大学生将二十四节气等重要农耕文化时刻牢记在心,勿忘中华之根本。

而秋冬之际,武汉生物工程学院各系陆续举办的趣味运动会更是让欢笑声响彻晨光湖畔,全校学生都参与其中享受运动的乐趣。德智体美劳全面发展一直是武汉生物工程学院对学子的要求,运动是健康之源,唯有身心健康,学子才能在更广阔的天空中自由翱翔。

各类学生创业展示活动和每年毕业季举行的大型跳蚤市场活动,为晨光湖广场更添精彩。届时创意商品、毕业生出售的无法带走之物、非毕业生的不常用之物琳琅满目、应有尽有,既实现了资源利用的合理化,又进一步点燃了大学生自主创业的激情,意义非凡,更与武汉生物工程学院大力支持大学生创业的理念契合。

每年11月由校团委举办的"校园暖冬行"活动,使得晨光湖广场的冬天显得格外温暖。游戏区、桌游区、美食区、义卖区、表演区,区区人气爆棚,学子的参与度极高,大大丰富了武汉生物工程学院学子的严冬课余生活。

此外楚韵华服社的成人礼、汉服展示及表演、古代婚嫁习俗的表演等活动按照时节点缀其中,充分展现了武汉生物工程学院师生对传统文化的热爱与传承。

晨光湖已经成为每一位武汉生物工程学院人的校园记忆,是学院校园文化的一个重要符号。日后,我们还应进行进一步探索,通过研究与规划,使晨光湖广场上的活动更加特色化,传统文化传承功能进一步彰显,爱国爱校情怀培养功能进一步深化,使其育人功能更加完善化、体系化。

2. 传承国学文化并兼收并蓄,培育德才兼备的优秀人才——梦江南国学馆育人功能介绍

(1) 梦江南国学馆简介

梦江南国学馆是武汉生物工程学院特有的以"传承中华文明、弘扬国学精髓、推广经典教育、普及传统文化"为主旨的国学教育机构。它位于学校江南水乡"江南书院"的三层至六层,建筑面积2 500余平方米,包括国学研修室、茶室、棋室、二胡练习室、汉服坊等20余间教室或教学活动场所。2014年春季开始建设,2015年10月全面竣工,于2016年1月16日举行开馆揭牌仪式并正式启用。

国学馆三楼由天斋、地斋、人斋三个国学教室以及开放式的学习讨论场所采芹轩组成,以培养学生的国学理论基础为主。

天地人和是中华民族独有的处世观念,其核心思想为一"和"字,往返于天地,齐聚于人心。天地人和,阐释了一种思想,颂扬了一种精神,顺应了社会文化的发展趋势,更为我们的生活指引了方向。"由为学也,天地人和",天斋、地斋、人斋三斋合一,启迪学子感知"至广大而尽精微"的万物妙道。学子可在采芹轩研修经典,讨论学问,明辨是非,锤炼思想,以兼收并蓄的情怀开拓全新的文化视野。

国学馆四楼由国学研修室、研讨室、研究室、藏书阁、玄斋及秋水斋六个教学活动场所构成,融研讨、研修、研究功能于一体。

四楼的功能设计更注重师生互动与研讨,师生一同研读国学经典,研讨国学知识。国学馆教师将日常办公地点设置于研修、研讨室之中,便于师生间相互切磋交流,加深彼此对国学经典的认识。

国学馆五楼由尚古阁、宇斋、二胡练习室、茶坊和汉服坊等五个集素质教育和文化活动于一体的场所构成。

意境深远的《二泉映月》、催人泪下的《江河水》、令人思绪如潮的《三门峡畅想曲》、宏伟壮丽的《长城随想》、奔腾激昂的《赛马》《战马奔腾》,学生在练习这些经典曲目时,真切地体味着中华文化包容并蓄的特点。

茶道是茶文化的精华,具有很强的操作性和观赏性,供师生修身养性、增进友谊和学习礼法之用。中国茶文化融合了中国的佛、儒、道等诸派思想,独成一体,是中国文化中的一朵奇葩。茶坊为学子提供学习茶艺、感悟茶道的绝佳场所。品一杯香茶,坐而论道,感受勤、和、简、静的茶文化。

汉服坊以"汉服"为主题而设置。主要通过日常教学和社团活动,让国学爱好者从汉服这种由衣裳、首服、发式、面饰、鞋履、配饰等共同组合的整体衣冠系统中,从传承了四千多年的传统民族服装中,体会到华夏文化中纺织、蜡染、夹缬、刺绣等杰出工艺和美学,感受衣冠上国、礼仪之邦的气度与审美。

国学馆六楼分别以琴棋书画为主题设置教学活动场所,琴棋书画,又被称为雅人四好。善琴者通达从容,善棋者筹谋睿智,善书者至情至善,善画者至善至美,琴棋书画的教学场所集中于六楼,交相辉映。

古筝练习室装饰典雅,配以佳人练琴图的喷绘背景及古典风格灯具,与师生悠扬的古筝曲调相得益彰、相映成趣。

棋室包括围棋和象棋练习区。围棋规则简单却变化无穷,体现出鲜明的中国文化思想精髓。中国象棋历史悠久,基本规则简明易懂,变化丰富,棋盘棋子文字都体现了中国文化。棋室中间以屏风相隔,象棋室设有专门的棋盘桌,而围棋则采用跪坐式,更趋古制,意蕴悠远。

书画练习室中备有笔墨纸砚,可供学子或嘉宾随性研墨挥毫。还挂有一些著名书画大家的作品,以供爱好者观摩学习,学生若有佳作也可展示于此,和志同道合者相互切磋交流。

国学馆将秉承"学以聚之,问以辨之,宽以居之,仁以行之"的理念,不断完善教育教学模式,丰富教育教学内容,为全校师生学习国学、弘扬国学、传承和创新国学搭建良好的平台。以弘扬国学促进良好学风、校风建设,以传承中华优秀传统文化彰显大学价值,培养健全人格,并凝练和熔铸大学精神,从而培育境界高尚的大学文化,为培养高素质的复合型应用型人才作出贡献。

(2)国学馆的建设步骤

武汉生物工程学院学科设置以理工类为主,学生的人文素养有待提高。理工科高校中重视人文教育并成立国学馆的并不多,武汉生物工程学院成立国学馆,在湖北武汉民办高校中还是首例,这是学校领导有眼光、有远见的体现,也充分说明了学校对大学生人文素养的高度关注。

国学是中华民族积累下来的文化遗产,是五千年来形成的文化积淀,是祖先留给我们的宝贵精神财富。国学博大精深,典籍浩如烟海。中国人如果丢掉了自己的国学,就丢掉了自己的根,就成了无源之水,无本之木。一所大学如果只有理工科而没有人文艺术学科,这所大学就缺少生机、灵气和诗意。正因如此,学校对梦江南国学馆的规划和建设目标从一开始就予以了明确设定,即把国学馆建成传承传统文化的精品工程、探索特色教育模式的新型平台、创建提升文化品味的重要场所。

① 修建国学馆，打造传承传统文化的精品工程

梦江南国学馆从立项招标到完工，不仅受到校领导的高度重视，更是融汇了武汉生物工程学院建筑学院、艺术系、文化素质教育中心的多名专家教授、青年博士们的集体心血。从空间布局的合理安排、楼层功能主题的明确定位、装修风格的总体规划，到家具灯具的精心挑选，墙面装饰的风格、教室名称的确定，均是相关项目组全体成员反复讨论研究而定的。以精细之心，塑精品之形，以求"处处现传统，物物皆文化"。

国学馆各教室和活动场所均选择中式桌椅，配合月洞门、博古架营造出古色古香的氛围。再辅以橘色柔光的古典灯具、名家的书法字画，更添古风韵味和书香墨气。并在尽量不破坏整体的复古主题的情况下安装现代化多媒体设备，使古典与现代相结合，做到传统文化与现代文明相得益彰，将国学馆的办学宗旨表现得淋漓尽致。

② 创办特色班，探索特色教学模式的新型平台

梦江南国学馆开馆后，正式在全校各专业招收各类长、短期国学特色班学生。通过自主申报、严格考核、筛选录取后免费进入国学馆学习。

特色班的培养目标定位于陶冶大学生情操，提升大学生个人修养。通过研习传统文化和国学经典，感受其中"天人合一、宽厚仁爱"的境界，修炼"宽大随和、包容四海"的气度，秉承"律己敬人"的优秀品德，成为进退有度、内外兼修的大学生，以此积淀人文底蕴，凝练人文气质，增强人文关怀，提升人格境界，传承国学智慧、深邃思维，激活韬略。

在学制方面，特色班灵活设置。既有分模块、成体系的长期特色班，又有针对书画、茶艺等某一个方面的短期特色培训班。均为学生

在学习专业课程之余,根据个人兴趣、国学基础等因素来加以选择。开课时间多为学生专业课程较少的时段,授课形式灵活多变:既有教师课堂授课,也可自学网络课程,亦不乏以实践练习时间折算课时的做法。这不仅为国学爱好者提供了便利,也是一种特色教学模式的新型平台。

③ 开设精品课,创建提升文化品味的重要场所

梦江南国学馆充分运用国学馆的物质资源,围绕每一楼层及教室主题为特色班学生开设相关精品课程或组织交流讨论,让莘莘学子在国学教室中接受传道、授业、解惑,品味圣贤的道德、事功、文章,返本开新,转识成智,崇德广业,明体达用。通过学规矩、明道义、用雅言、操雅行,学生既能掌握、传习、运用国学的综合知识,又能实现传统与现代文明的对话。

藏书阁中以先秦经典及诸子先学为根基,涵盖了先秦两汉经学、魏晋玄学、宋明理学和同时期的汉赋、六朝骈文、唐宋诗词、元曲与明清小说等多种艺术门类的书籍,学生通过阅读经典古籍,来启迪心灵智慧,正德修身,慎言雅行。

在研讨、研修、研究中,师生一起研读、讨论国学经典,以史、儒、易、兵、禅、道、医、法八大模块为切入点,重新审视中国文化的哲学智慧与精神力量,从丰富的思想宝库中提取事物的运行规律,汲取深邃的文化内涵,在寻根历史的同时,也能启示未来。在传承国学文化精髓之余,亦注重以俯瞰东西方文化的全新视角,探讨智道、人道、立身之道等生存之"道"。通过博引经典,寻找传统与现代的联结点,既继承传统,又突破传统,以兼收并蓄的情怀缔造全新的文化视野。锤炼思维,锻造悟性,提升洞察力,求得内心之本原,获得真我之实现。

琴棋书画练习室让学子们在练习二胡这种民族乐器时,感受来自

我国古代北方少数民族的乐器和本土音乐的融合与发展,体味中华文化包容并蓄的特点。从规则简单而变化无穷的围棋、象棋中,感受博大精深、玄妙无穷的中国文化思想精髓。学生学习书画这些最经典的民族传统文化,以此磨炼意志,陶冶个人性情。

在研习茶道的过程中,感受以"和"为核心的茶精神,洞悉"克明俊德、格物致知、以身许国、穷通兼达"的儒家思想,体悟"天人合一、宁静致远、致虚守静、道法自然"的道家哲理,感受"茶禅一味、梵我如一、普爱万物、见性成佛"的佛法真知。

以汉服为切入点,讲解中国服饰发展史和传统文化中"简朴自然""返纯归朴""中和为美"的审美倾向,让学生在了解、穿着汉服的同时,完成传统文化学习。

身处梦江南国学馆之中,或诵读国学经典,体味儒家思想之精髓;或抚琴弹唱,感受韵律之和美;或挥毫泼墨,尽显文章之华美;或吟诗作赋,或品茗论道,或展华服之美。培育修身立德之行,树立齐家治国之志。

(3) 梦江南国学馆的文化育人功能介绍

梦江南国学馆自开馆以来,充分发挥了其文化育人的功能,主要体现在以下几个方面:

① 完善文化育人平台

在以传承中华传统文化为主题的校园文化设施方面,武汉生物工程学院相继建设了晨光湖、桃园广场、楚风园、校园长城、农果园等一批独具特色的文化景观精品,融园林建筑景观示范、爱国主义教育、人文素质拓展、师生员工休闲于一体。这些文化育人设施对于武汉生物工程学院校园文化的凝练和提升均起着至关重要的作用。梦江南国学馆的兴建与创办,无疑进一步完善了武汉生物工程学院传统文化育人平台。

一方面，它使以传承中华传统文化为主的育人设施在空间规划上更加合理化。形成了以晨光湖为中心、以楚风园和梦江南国学馆为纵轴、以农果园和桃园广场为横轴的中华传统文化的文化设施全覆盖的良好局面，更有校园长城如一条长龙贯穿其中。学生漫步校园，即可随时随处感受中华传统文化的视觉盛宴。

另一方面，它使以传承中华传统文化为主的育人设施在功能定位上更加体系化。晨光湖按中国地图的形状来造型，寓意来自全国各地的莘莘学子要努力学习，报效祖国。楚风园蕴含着浓郁的荆楚风韵，凸显出爱国为民、求索溯源、开拓进取、保故创新等荆楚文化的精神内涵。桃园广场以《诗经·桃夭》、三国"桃园三结义"、唐代诗人李白诗《赠汪伦》、晋陶渊明《桃花源记》为文化背景，将桃花文化巧妙地融入造型之中，做到巧而得体，精而合宜。农果园是武汉生物工程学院特有的农耕文化与乡愁文化有机融合的主题景观。设计理念上以"农耕"为形、以"乡愁"为魂，因地制宜，构思独特。校园长城除表现长城的建筑文化外，也以长城古诗词石刻、浮雕群、塑像等艺术形式对长城的历史文化进行传承与开发。梦江南国学馆的兴建，使这些中华传统文化主题设施成为一个有机的整体。

此外，它使以传承中华传统文化为主的育人设施在使用成效上更加深入化。梦江南国学馆师生积极开展中华传统文化的探讨研究，注重探索传统国学与校园文化的有机融合。充分利用学校的校园文化资源，立足于楚风园、校园长城、晨光湖、尊孔台、桃园广场、农果园等蕴含着丰富人文历史内涵的文化设施开设课程和专题讲座。上合潮流、下接地气，一方面尽力打造有武汉生物工程学院特色的国学课程，另一方面亦能深化武汉生物工程学院这些文化设施的育人功能。

② 优化文化育人机制

梦江南国学馆积极探索文化育人新机制，做到"三育人"，即环境育人、管理育人、活动育人。

环境育人：国学馆教室桌椅，多选用高档黄梨木制作，木香四溢。椅具品种较多，包括太师椅、圈椅、梳背椅、灯挂椅、鼓凳等。桌椅雕工精美、古风古韵，不仅体现了对中华传统文化的传承，更寄托了一种希望，当学子身处其中时能产生对源远流长的中华历史文化的敬仰之情。

另外，国学馆中在课后会不时响起悠扬的乐曲，这也是经艺术系和文化素质教育中心教师精心挑选的中国古典音乐。国学馆环境优雅静谧，中国古典音乐却是纯美灵动，两者动静结合，营造出静谧、温馨的氛围，为学业繁重的学子提供小憩片刻和放松精神的场所。

馆内墙面装饰选择也十分考究。既有名家名言、名画名作，也有对教室主题进行精要介绍或相关知识延展的图文，可以令学子耳濡目染，起到环境育人的作用。

管理育人：国学馆在管理上一方面致力于学生专业以外的时间及兴趣活动的安排，充分调动学生的自主性与积极性，让学生最大限度地参与到国学馆的活动中来，加强师生间的交流和互动，使学生对学校和国学馆产生归属感。另一方面，严格要求学生的行为，参照古时书院的规定定出学规，提出学生要尊孝父母、尊敬老师、尊重同学，举止端庄得体、"行坐必依齿序"，多读古文诗赋、勤学国学经典等。

活动育人：国学馆组织各种传统文化传承活动，如开办"拜孔"仪式、"龙抬头"、"花朝节"等节俗庆典活动、书画比赛、文学笔会、棋艺交流会、端午茶会等丰富多彩的活动，与理论课程相辅相成，培养学生尊师重教、提高文化品味、增强民族自信和对社会的担当、与同学间的君子之交等意识。

③ 创新文化育人方式

国学馆与其他传统文化主题的校园文化设施最大的不同之处,在于它的文化活动主体更明确更固定。国学馆师生以特色班为依托开设各类传统文化课程,课程教学改革可以进一步推进文化设施育人方式的创新。

国学馆所开设的课程注重以今溯古,以古鉴今。在经典中追溯和寻求国学精神,以现实为落脚点讲授大学生个人素养。在教学过程中,老师们也积极开展育人方式方法的新探索:

一是将古典和现代相结合,充分运用"互联网+"教学模式。国学馆教学环境与现代化技术特别是网络技术完美结合,使源远流长的国学经典与现代大学生的个人素养得以融合。在国学馆古朴大方的育人环境的基础上,用好国学馆网络全覆盖的优势,通过网络与学生进行交流互动,并布置作业、分配任务、发起投票、开展现场弹幕教学等。充分运用多媒体、QQ群、网络空间、微弹幕教学等多种"互联网+"教学手段。

二是将课程和活动相结合,充分运用体验式教学模式。国学馆的课程教学学时大多为24学时或12学时,每个课程授课期间开展的传统文化系列活动差不多有12次,使课程教学和活动比例达到2∶1或1∶1。而且活动与课程内容契合度高,活动体验式教学效果较好。以特色班开班活动配合尊师重教的礼仪文化学习;以文学、书法绘画、棋赛等活动为载体融入"君子之交"式的相处之道,活动后要求反思总结,使理论知识得以积累升华。

三是将国学和"双创"相结合,充分运用项目驱动式教学模式。选拔特色班优秀学生参与到学校校园文化项目建设中。国学馆教师在承担学校文化创意项目时,也有意识地将其中一些难度不大的部分交给有能力的学生来做,手把手地教他们该如何思考、如何切入、如何完善等,使学生在实践中得到全面提升。对于有专长的学生,还鼓励其大胆创业。

3. 弘扬传统桃花文化,打造校园文化品牌——桃园广场简介及育人功能介绍

（1）桃园广场简介

桃园广场位于武汉生物工程学院东区桃园餐厅南面,总占地面积近 13 000 平方米。这里增设了彩色音乐喷泉、园林景观、建筑小品等,根据自然景观和人文风情,将广场巧妙地融入造型之中,为广大师生提供了一个功能齐全、开放美观的学习休闲场所。桃园广场的设计以《诗经·桃夭》、三国"桃园三结义"、唐代诗人李白诗《赠汪伦》、晋陶渊明《桃花源记》为历史背景,广场中心有桃园放歌台和音乐喷泉,四周栽植桃树,旁边另有桃花潭、桃花洞、桃花岭、桃花源等景点。每年 3 月,杨柳依依,桃花烂漫,桃园广场四周的粉、红、白色桃花竞相开放,远看嫣红一片,近观百媚千娇。

桃园广场桃园放歌台是武汉生物工程学院桃花文化节的主要活动场地。武汉生物工程学院从 2009 年开始就一直在此举办桃花文化节。中国桃花文化历史悠久,武汉生物工程学院校团委以代表着青春的桃花为主题,以桃花文化为背景,将桃花文化节逐渐做成武汉生物工程学院社团文化活动的精品。

"桃花潭"源自李白诗句:"李白乘舟将欲行,忽闻岸上踏歌声。桃花潭水深千尺,不及汪伦送我情。"潭水深碧,清澈晶莹。学校以景观形式寄予美好期盼,望学子均能收获真挚友情。

桃花岭上亭台楼阁掩映于花海中,石板青阶清逸秀丽。桃花洞幽深宁静,别具特色,地面由石板拼接而成,平坦而又舒适。

桃花源的名称源于陶渊明的《桃花源记》,以世外桃源借指不受外界影响的美好世界,寄托其政治理想,反映了人民对美好生活的向往。武汉生物工程学院以灼灼桃花为景,以桃花源为名,营造优美雅致的校园氛围。

中国桃花文化历史悠久,渗透着文人精神。学校依据地势建造桃花文化景观群,通过这些极具人文气息、文化内涵的景观,启发学生心智,达到环境育人的目的。

(2) 桃园广场的建设理念

桃园广场是武汉生物工程学院桃花文化的特色景观项目,是师生观赏美景、品味文化、开展活动的主要场所,融观赏性、艺术性、实用性、教育性为一体。

① 以桃花美景为主体构景

桃园广场位于学院东区教学楼、体育场、学生宿舍及食堂等学习生活设施的中心位置,景色美不胜收,是学院东区学子的重要休闲文化活动场所。广场犹如一颗宝珠镶嵌于四周小山丘之中,小山丘之上搭有角亭,亭旁绿树掩映,又有桃花簇拥而开。石径小道蜿蜒贯穿于众多绿植之中,似有似无地引领游人进入桃园深处。

学校建造桃园广场,以桃花美景为主体。桃花开,可画桃园春色满;桃花红,映青山颜色故;桃花舞,晕骨伞白衣沾;桃花谢,染碧水醉人心。亦能兼顾四时,夏听雨打芭蕉,看锦鲤戏水;秋赏菊花斗艳,观怪石嶙峋;冬来白雪压枝,品蜡梅吐蕊。有鸟语,有花香,引人入胜,让人陶醉其中。

② 以桃花文化为主题点睛

桃花以其绚丽的色彩、缤纷的落英触动了中国人的某种情绪和情感，继而被融进、汇入了审美主体的心理因素，并且成为民族集体记忆和心灵深处的积淀物，世世代代承袭相传，形成了特殊的"桃花文化"。桃花在我国不仅象征着春天、青春，隐喻着年轻貌美的女子，更是中国文人的精神栖息之所，形成"桃花源情结"，民间也将桃花作为恋爱、婚姻等喜庆之事中"尚红"礼俗的重要角色。

武汉生物工程学院致力于传统文化的传承与研究，兴建以"桃花文化"为主题的桃园广场，以此来激发师生的艺术想象力和对生活、对春天、对青春的热爱，感受桃花的自然美、民俗美和文化美。

③ 以特色活动为主旨

学校以桃花文化为切入点，以桃花节为契机，以桃园广场为载体开展各类社团活动，活动内容融合了学校校园文化元素及各院系专业的文化要素，以展现魅力武汉生物工程学院，促进学生全面发展。开展集思想性与艺术性于一体的群众性精品校园文化艺术活动，引领广大师生做和谐文化的倡导者和实践者，提高自身人文素质和艺术修养，营造文明、高雅、和谐的校园文化氛围。

（3）桃园广场的育人功能介绍

桃园广场融经典诗文、传说典故以及各种人文风情为一体，自建成以来，深受武汉生物工程学院师生青睐，以其独具特色的文化内涵达到设施育人的目的。

① 培养高雅审美情趣的精品景观

每当三月桃花盛开，棵棵桃树、朵朵桃花、阵阵花香，营造出祥和美好的氛围。春风拂来，片片花瓣随风翩然飘落，似仙女散花，又如粉蝶起舞，令人赏心悦目，为之心醉神迷。热爱艺术的学生或于桃花林中，或于假山附近，支开画板，端起调色板，用画笔将美丽的桃花留在作品中,更多的学生漫步其中拍照留影。又或阵雨过后,看松竹戏芭蕉,可起弦风雅,可执笔作画,亦可琅声读书,颇具几分"竹露松风蕉叶雨,茶烟琴韵读书声"的意味。

桃园广场历经多年的不断完善,逐渐成为培养武汉生物工程学院学子高雅审美情趣的精品景观。

② 传承传统桃花文化的主要阵地

桃花文化历史悠久、源远流长,却又鲜活独特,充满着勃勃生机,从先秦的《诗经》一直唱到今天"在那桃花盛开的地方"。学生徜徉其中,即是享用一场桃花文化的饕餮盛宴。桃源轩、桃花岭、桃花洞、桃花潭无不承载着丰厚的文化内涵。

此外,桃园广场东侧还专门设有一面"桃花诗墙"。历年来,在以墨会友、以文会友的文化活动中,文学爱好者们或挥毫泼墨,或吟诗作对,表达着自己对桃花文化的独到见解和感悟,留下了不少传承桃花文化的精品。

③ 孕育特色文化活动的肥沃土壤

历年来,武汉生物工程学院分别以"诗意桃花红,相聚武生院""赏桃园春色,凝生院梦想"等主题开展桃花文化节活动。活动形式丰富多彩,主要包括:传统民俗文艺汇演,"花树下藏心愿"游园活动,"桃花缘"教职工联谊活动,桃花文化相关系列人文讲座,桃花摄影优秀作品展览,"桃蹊流韵"笔会,桃花主题书法、绘画、朗诵、舞蹈等大赛,手工艺作品展,插花艺术展,写"微感恩信",等等。

四、"网络"礼仪维度

"网络"维度是指利用互联网技术与手段,进一步拓展教学时间与空间,使得课堂内外联动,学校内外配合,线上线下融合,探索"互联网+礼仪教育"新范式。

（一）基于 MSB(MOOC、SPOC、BOPPPS)教学模式的公关礼仪课程三层混合式课堂教学创新成果

1. 课程的建设发展历程

公关礼仪课程于 2002 年获武汉生物工程学院批准设立,已面向本专科学生连续开设 20 年,受益学生近三万人。大致可分为三个阶段：

2002—2015 年：出版教材,湖北省教研课题立项,获湖北省教学成果奖三等奖。完成校精品课程建设,获湖北省视频精品课程,在易启学平台建课。

2015—2018 年：获批湖北省首届精品在线开放课程。在中国大学 MOOC(慕课)上建课,运行两期,受到学生一致好评。在易班平台建课,获易班网首页推荐。

2018 年至今：探索践行线上线下混合式教学,立项省级校级一流课程,在超星学银在线建设 MOOC、SPOC 课程,建设效果明显。

2. 课程建设及应用情况

（1）课程与教学改革要解决的重点问题

① 选修课程意愿不强,知易行难效果不佳,学习自主性、实效性有待提升。

② 课时有限资源不足,深度学习难以开展,学习参与度、挑战度有待提升。

③ 考核评价标准不明,教学产出无法保障,学习探究性、个性化有待提升。

（2）课程内容改革

针对问题①："三业"对接、"三维"融合，培养高级思维。促进礼仪课程内容与专业知识、行业标准、创业实践的对接，依据社会发展需求动态更新知识体系；基于真实问题，遵循目标导向，重构教学体系，变基于知识点的学科课程体系为行动课程体系，实现知识点、技能点、素质点"三维"有机融合、进阶发展，聚焦核心竞争力与高级思维的培养，促进学生自主学习、高效学习。

针对问题②："三层"混合、"五育"并举，致力扩容提质。基于MOOC、SPOC、线下课堂混合式教学有效扩展课堂时空和容量。通过礼仪课程内容与思政元素、传统文化的相生相容；与公共关系、社交心理与语言沟通等学科相交相融；基于礼仪操、个人形象设计、礼仪创践项目，在提升学生礼仪素养的同时，提升其文化自信、科学思维、健康体魄、审美情趣、实践能力，做到五育并举、深度学习。

针对问题③：五大模块、多元评价，以需以学定教。课程内容结构遵循学生成长规律，设置5个循序渐进的模块，分解为30个具体任务点，将对应的知识、能力、素质目标转化为49条"学习产出"标准。依据"学习产出"设计教学活动，确定全过程、多主体、多角度、多途径的评价方式与工具。基于诊断评价，逆向设计确定教学内容，以需以学定教，促探究学习、个性学习。

（3）教学资源建设及应用情况

① 教学团队：建成优质教学团队，其中核心教师队伍11人。双师型教师占比73％，拥有博士学位教师占比18％，副教授占比45％。近几年，团队获批10项相关省市校级教研项目，发表30余篇论文，形成不少高质量成果。如：发表8篇核心刊物文章，获得省级教学成果三等奖1项，获得校级教学成果奖一等奖1项、二等奖1项，获得校级

教学竞赛一等奖 3 项、二等奖 1 项、三等奖 1 项。

② 实训平台：建成形体实训室、商务礼仪实训室、模拟谈判室、酒文化博物馆、国学馆等 16 个校内外教学实训场所。

③ 网络资源：课程慕课在超星学银在线平台建设应用，包含总计 278 分钟的教学视频，200 个非视频资源，425 个作业、测验考试题目。除必备资料外，还分章节提供线上学习任务单、知识图谱、重难点清单、在线讨论、小组活动考核评价量表等拓展资源。资源均可供学生在线使用或下载学习。资源库定期更新，积极吸收和整合具有时效性和实用性的资源。

3. 课程教学内容及组织实施情况

课程共计 2 个学分，32 学时，线上线下各 16 学时。教材共有六章，主要包括概述、职场个人礼仪、职场社交礼仪、职场拜访礼仪、职场沟通技巧以及职场社交口才 6 个部分。

教学组织以学生为中心，基于 OBE（Outcome based education，成果导向教育）理念，探索形成"立体三段"式的双线混合式教学。

① 一门课：期初、期中、期末三段式教学设计，从"手把手"到"放开手"，因学施教，优化学生学习习惯

教师角色与教学组织随着学生学习状态不同而不断调整。期初做好引导者、设计者的角色：提供充足的情感支持和清晰的学习路径，激发学生学习的动机。期中做好组织者、协调者的角色：学生在自主学习、合作学习、探究学习方面有明显变化时，教师可逐步放手。期末做好观察者和评价者的角色：提高任务难度、拓宽知识点覆盖面、强化学生主观能动性发挥的比重，让学生做主角。

② 一次课：课前、课中、课后一体化教学设计，从"五学"到"五

评"，各有侧重，深化学生的学习能力

课前线上重自学，抓"五学"：任务导学、PPT自学、视频助学、合作互学、在线测学。

课中线下重互动，抓"五点"：偏差点、争论点、闪光点、热点、疑难点。

课后双线重反思，抓"五评"：评知识技能掌握情况、评情感态度、评学习过程与习惯、评实践创新能力、评合作能力。

③ 一堂课："凤头、猪肚、豹尾"教学设计，从导入到小结，结构完整，强化学生学习的效果

课堂组织采用BOPPPS教学设计，强调参与式学习，组织学生通过小组研讨、情景演练、PPT汇报、提问答疑、案例分析、习题讲解等方式，围绕重难点开展教学活动，侧重于高阶知识和能力素质的提升，确保混合式教学效果。

4. 课程成绩评定方式

根据OBE理念，基于人才培养方案、职业技能标准、企业需求调研，确定课程目标，以目标达成作为考核方式及内容设计的依据，采用"过程评价＋期末考核"相结合、"线上评价＋线下成绩"相综合的方法，科学评定课程学习成绩。

课程总评成绩＝平时成绩×60%（线上学习＋线下学习）＋期末考核成绩×40%（平台组卷＋综合实践项目成果）

5. 课程特色与创新

① 教学内容创新——坚持"目标导向"，聚焦"五育并举"

教学团队坚持"以学生为中心"，坚持"目标导向""就业导向"，在

企业、高校、师生中进行广泛调研,合理设置教学目标,精选教学内容,重构框架体系,聚焦德智体美劳"五育",丰富课程内涵。

深化"礼仪+"课程体系,加好"十度":"+思政增温度""+文化增深度""+公关心理增宽度""+沟通语言增广度""+形体增热度""+体育操增力度""+美学增坡度""+设计增创新度""+实践增效度""+双创增难度"。

② 教学模式创新——分层设计课堂,助推教学翻转

积极探索基于MSB教学模式的三层混合式翻转课堂。

第一层:基于MOOC构建的线上虚拟课堂。以逆向思维对课程内容进行分解重组,形成"简(基础知识)、宽(覆盖面广)、精(高度浓缩)"的教学内容体系。通过任务导学,明确学习目标,激发学习兴趣;通过PPT自学,了解知识框架,构建理论体系;通过视频助学,坚持问题导向,启迪自主思考;通过在线测学,及时获取反馈,增强学习信心。

第二层:基于SPOC构建的线上私播课堂。紧扣"探究性""交互性""个性化""多样化"组织,结合学情诊断,设置个性目标,提出具体问题,引出学生疑惑,引导深入探究,引发多元讨论,引领价值构建。

第三层:基于BOPPPS设计的线下面授课程。依据学情,因材施教,讲重点、释疑点、析难点。基于BOPPPS设计,穿插组织辅导课(以梳理重点为主)、答疑课(以答疑解惑为主)、实训课(以职业情境模拟和项目实践为主),关注学生个体差异和学习需要,充分发挥学生的主体性,激发学生的学习积极性与参与度。

③ 考核评价创新——注重过程考核,加强综合评价

从课内课外到线上线下,从知识型考核到能力型考核,从过程性评价到终结性评价,加强对学习情况的全过程、全角度评价。采取自评、互评、师评多元主体评价方式,将"三维"目标分解为有意义学习的

"六个维度"进行多元目标评价,从"知、行、情、意、创"等多方面对学生的学习进行综合评价,运用观察、测验、档案袋等多元方式进行评价,采用试卷、评价表、量规等多元工具进行评价。加强非标准化、综合性评价,强化学生运用知识分析、解决问题的能力。

(二)"双线三段四环"混合式教学策略研究

在线上教学发展突飞猛进的同时,混合式教学想要顺利从"战时状态"过渡到"平时状态",充分发挥其优势,且有效解决一线教师的困扰,还须进一步厘清以下常见问题。

1. 混合式教学的突出优势与现存问题

混合式教学较为宽泛的定义为:在线学习与面授教学的混合。随着互联网及移动通信技术的迅猛发展,逐渐演变为:基于移动通信设备、网络学习环境与课堂讨论相结合的教学情境。基于其互联网属性与教育技术特性,其拥有能有效弥补传统面授不足的特性。

(1) 混合式教学的突出优势

① 学情分析更精准

通过混合式教学的信息技术,可以及时、充分地了解学情,使教师对学情从经验式的主观、代表性的片面了解变成基于数据的全员、全过程、全方位的客观全面把握。从数据可以看出,学生何时学、学多少、按什么顺序学、喜欢学什么、困惑在哪里、学得怎样等情况,这些对于优化教学设计大有裨益。

② 多元交互更深入

依靠混合式教学的信息技术,可以即时深入多元交互,进一步促进师生、生生、师生与教学内容、师生与教学资源、师生与教学平台等之间的即时互动。可以使问答、研讨、小组合作、师生与生生交流突破时空与教学场景局限,更为及时有效,这些对于提升教学效果大有裨益。

③ 教学资源更丰富

凭借基于信息技术的混合式教学,可以建设和使用更为丰富多样的教学资源,无论是自建资源还是平台资源,无论是教学视频还是文本图片、师生或生生讨论发帖、提问互答等,均可以作为教与学双方的有效资源。资源内容更丰富,形式更多样,获取更便捷,这些对于改善教学满意度大有裨益。

(2) 混合式教学的现存问题

混合式教学的优势非常明显,可在经历新冠肺炎疫情防控期间全面铺开的"线上教学"后,有相当比重的一线教师仍选择重回原有的传统面授的方式,仅在教学的信息化技术手段方面有所改善,还有部分教师虽尝试混合式教学,但并未充分发挥其优势。经调研访谈及深入课堂听课查课,将现存的主要问题归纳如下:

① 线上线下各行其是,融合度不高

部分混合式教学课堂,能呈现基于移动通信设备、网络学习环境与课堂讨论相结合的教学情境,但线上线下各行其是,融合度不高,混合式教学效果颇微,甚至起反作用。

② 学生准备不充分,积极性不高

部分混合式教学的实施中,学生因技术、心理等方面的准备不充分,无法按照教师的教学设计进行自主学习、合作学习、探究学习。而无法充分调动学生的积极性,会直接影响混合式教学的教学效果。

③ 课堂形式热闹,学习效果不佳

部分教师在组织混合式教学时,充分运用了互联网手段和教学平台工具,学生也能积极参与,可整堂课或整学期下来,教学效果并未落到实处,教学目标达成度不高。

2. 混合式教学的"双线三段四环"策略

以上问题的出现,究其原因,是由对基于线上与线下教学情境的不同优势而产生的"双线"教学的不同分工,混合式教学对于师生所提出的不同于传统面授教学的新要求,混合式教学所运用的学习理论与教学理念等较深层次的问题缺乏全面深入的思考导致的。本书基于对以上问题的思考,提出"双线三段四环"策略,以指导混合式教学实践。

(1) 基于"双线"设计,推进"线上线下"融合

线上教学情境可以充分利用信息技术和资源库优势,指导督促学生课前通过线上 PPT、教学视频、教学文档等学习资源自学知识点,通过完成作业、测试等反馈学习结果与学习问题。线下教学情境可以充分利用师生面对面交流优势,组织和辅助学生通过小组研讨、情景演练、PPT 汇报、提问答疑、案例分析、习题讲解等形式,围绕重难点开展教学活动,侧重于高阶知识和能力素质的提升。了解基于线上与线下教学情境的不同优势而产生的"双线"教学的不同分工后,还有两点需要厘清:

一是充分认识混合式教学的几个混合程度。按照线上线下混合程度,可分为组合、结合、整合、融合四种形式。

组合是线上线下相互独立,即使没有另一个环节的存在也能有效发挥作用。这种程度的混合,效果较微弱。若处理不当,如线上资源和线下资源的教学逻辑、方式方法迥异,还有可能给学生带来不必要的干扰。

结合是以线下为主导,根据需求把线上作为资源或辅助,在线学

习活动对线下教学进行补充、拓展。这种程度的混合,线上为线下的辅助,若充分发挥作用,教学效果较之传统面授会有所提升,但提升程度有限。

整合是将线上线下整合到一个相互支持和影响的学习结构中,需要对教学进行重新设计,从而形成相互联系、相互依存的整体。如以"MOOC+答疑"、讨论、实践形式开展教学,在线学习的比例增多,与线下面授的学时相当,或比线下面授的学时更多。这种程度的混合,线上线下进行统一设计,相互补充。若充分发挥作用,教学效果会较之传统线下面授大有提升。

融合是线上和线下教与学融合在一起,教学过程多依托在线学习平台、在线课程或学习工具进行,在线学习比线下面授多,充分发挥现代技术的作用。形式上类似于疫情期间开展的"MOOC+录课+直播+答疑"等,但实际效果上要强很多,这需要教师、学生有一定的准备,教学软硬件环境等都有一定的基础。

由于组合和结合的作用有限,本书要讨论的混合式教学主要聚焦于整合和融合两个方面。

二是要充分认识混合式教学几个教学环节的侧重点。按照混合式教学组织的阶段,可分为课前、课中、课后三个环节。三个环节可作为环环相扣的教学过程整体进行设计,但不同的教学环节侧重点需要有所区分。

课前抓好"五学"。课前学生在线上进行自学,学习的路径和方式非常重要。要抓好目标导学、PPT自学、视频助学、合作互学、在线测学。以目标和任务单为学习框架,指引学生通过PPT、视频、拓展资料等多种教学资源开展自主学习,通过教学平台的功能合作互助,小组共同讨论探究,达成合作学习,最后通过问卷、测验、答题等环节对学习效果进行测试,进一步夯实课前学习实效,也为教师面授提供学情分析信息数据。

课中抓好"五点"。线下课堂中,合理选择教学内容,与线上MOOC或SPOC的教学内容形成互补,形成合力。要抓好社会前沿点、疑难困惑点、争论碰撞点、错误偏差点和思维闪光点。MOOC资源建设需要一定的周期,对于前沿热点不一定能及时反映;学生在课前学习中对于难点知识无法自行深入理解,须教师给予一定的帮助;线上师生、生生的激烈讨论、观点碰撞是引导学生深入思考的切入点;学生通过自主学习产生的理解错误、理解偏差以及通过自主思考产生的新颖观点,都是线下课堂需要解决的关键点。

课后抓好"五评"。合理、客观、全面的评价对于教学目标的达成有着积极的意义。要抓好对知识和技能掌握程度的评价、对学习习惯和学习过程的评价、对情感态度的评价、对创新实践能力的评价、对合作能力的评价。从"知、行、情、意、创"等多方面对学生的学习进行综合评价,将形成性评价与总结性评价有机结合,更能激发学生的学习动机,巩固学习效果。

(2) 基于"三段"设计,优化"混合式教学"

混合式教学对于师生所提出了不同于传统面授教学的新要求,师生不仅需要较强烈的混合式教与学的意愿、心理与技术准备,还要有能结合实际问题进行不断调整的态度与具备一定的能力等。对于初步尝试混合式教学或者刚刚开始一门全新课程的混合式教学的师生来说,整个学期的混合式教学可分为三个阶段:期初—期中—期末。这三个阶段里,学生的情感态度、认知水平、学习习惯等因素在动态调整的过程中不断发展和完善,因此,教师要结合学生的不同情况给予不同的教学支持,充分发挥教师的主导作用。在这三个阶段中,教师的角色侧重点有所不同：

一是期初要扮演好引导者与设计者的角色。期初,学生刚刚开始接触课程和教师,对于混合式教学和班级同学也刚接触,这一阶段学生充满好奇但又有些迷茫,满怀期待但又异常敏感,教师一方面要给予学生充足的情感支持,另一方面要为学生规划清晰的学习路径,以此充分激发学生的学习动机。通过线上线下充分友好的师生和生生交流互动、整门课程详细合理的教学计划安排、每堂课具体明确的学习任务单和知识点评价量表等情感与教学设计载体,手把手地帮助学生了解课程,熟悉"双线四环"混合式教学的流程与要求,建立师生与小组团队之间的信任和默契,通过设计引导,为学生的学习搭建框架,充分调动学生的学习积极性,为其后续期中、期末逐步放开手来教学奠定良好的基础。

二是期中要扮演好组织者和协调者的角色。通过4～5周的学习,学生在自主学习、合作学习、探究学习等方面有了明显的变化,养成了较好的学习习惯,能够按时主动学习线上资源,积极深入参与思考讨论,小组成员间配合默契且均能充分参与,学生能提出较新颖的观点或问题,这个时候,教师可以逐步放开手,教学框架向组织线上线下的综合性教学活动转移,可适当提高任务难度,拓宽完成任务所需要运用的知识点覆盖面,强化任务里学生小组的主观能动性的发挥,逐步调动学生,教师应把侧重点放在组织和协调环节。

三是期末要扮演好观察者和评价者的角色。到课程学习的最后4～5周,学生通过长时间的学习,已经基本形成本门课程的知识框架,师生与生生之间相互充分了解与信赖,教师可以尝试放手,让学生在对教学目标、教学重点难点等方面有充分认知的基础上,选择个性化的学习路径,探索个性化的学习结果。教师主要扮演观察者和评价者的角色,通过细致观察分析,给予学生个性化的评价,通过精准客观的评价,引导学生达到学习的新高度。

(3)基于"四环"设计,突出"以学生为中心"的理念

教师在进行混合式教学设计时,对于如何运用互联网技术和教学平台工具,有不同的观点。部分教师认为这些技术和工具能起到积极作用,所以频繁使用;另外有部分教师认为使用这些技术和工具较为耗时,形式看上去热闹,但并不一定能达到预期效果。这些观点一方面源于不同教师对技术使用熟练程度不同,另一方面也源于教师对一堂课教学设计的思考不同。

运用互联网与信息技术组织教学时,要立足于"以学生为中心"的教学理念。国际知名教育专家黛安娜·罗瑞兰德所提出的"学习的对话框架",可以运用于教学设计之中,为"以学生为中心"的教学理念服务。

对话框架以学生内部学习过程与机制为基础,整合行为主义、联结主义、认知主义、体验式学习、社会建构主义、概念学习、合作学习等学习理论和相关研究成果,并从教学的外显行为和学习行为入手,描绘出一个整体框架。框架包括四个循环,具体如图1。

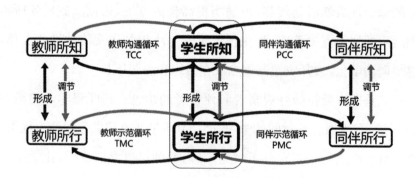

图1 对话框架的四个循环图

左上的循环称为教师沟通循环。这一循环体现为教师立足于教学设计,通过各种途径和方式使知识完成从教师所知到学生所知的传递,再进行学生所知到教师所知的一个反馈流程。

左下的循环称为教师示范循环。这一循环体现为教师创设学习环境或创建任务,学生通过完成任务向教师反馈学习情况。教师根据任务完成情况,分析学生存在的问题,是由于概念认知偏差或错误,还是由于解决问题的思路不正确或过程不完善,在分析的基础上有针对性地进行补充矫正,完成由教师所行到学生所行再反馈到教师所行的循环。

右上的循环称为同伴沟通循环。这一循环体现为通过教学设计中的讨论等环节,让学生将自己的理解分享给同伴,而同伴的认可或质疑再反馈给陈述者,以此来完成从学生所知到同伴所知,再到学生所知的循环。

右下的循环称为同伴示范循环。这一循环体现为通过学生动手、学生示范等活动,实现由学生所行到同伴所行,再反馈到学生所行的循环。

基于对话框架的四个循环,教师在进行混合式教学设计时需要进行总体设计,并确保做到以下三点:

一是以上四个循环要尽量全面覆盖。知识分为陈述性知识和程序性知识。上方两个循环侧重于陈述性知识的相互传递,下方两个循环侧重于程序性知识的相互传递。在学习过程中,教师的讲授和示范与同伴的讲授和示范都起着积极的作用,左边两个循环起到传授纠偏和引导示范的作用,右边两个循环起到刺激动机和促进理解的作用。四个循环各有所能,在进行教学设计时全部覆盖,有助于教学目的的达成。

二是不同的教学内容可以侧重突出不同的循环。以传授知识为主的课程，可侧重左边两个循环的设计；以实践应用为主的课程，可侧重右边两个循环的设计。在进行课前教学设计时，通过画对话框架流程图，可使教学设计清晰化、可视化、整体化。通过比对循环流线的多少，亦可看出教师教学设计的重点所在。

三是技术的运用应该为达成四个循环服务。互联网技术和教学平台工具等的使用，不仅是活跃课堂气氛，更应该为达成四个循环服务。充分发挥混合式教学优势，突破集体教学、大班教学环境对于学生个性化学习的影响，借助技术帮助教师及时关注所有学生的知识掌握和应用情况，并做出有针对性的回应，这样的技术运用才能有效。

（三）ASSURE 模型在公关礼仪混合教学中的应用探索——以拜访与接待礼仪为例

1. 公关礼仪课程概述

公关礼仪是为本专科学生开设的一门公共选修课，该课程旨在使学生掌握各类社交活动中仪容、仪表、言谈举止、气质和风度等方面的标准，了解商务及公关活动中常用的交际礼仪，能在交际场合中依据一定的行为准则得体自信地运用各种礼仪技巧。课程致力于培养学生的综合能力和素质，提升学生的人文素质及日后在社会上和岗位上的形象展示能力、语言表达能力、人际沟通能力、自我控制能力以及规范处理事件的能力。

课程主要由三大模块构成，分别是个人礼仪、社交礼仪、职场礼仪，模块之间呈现点、线、面的渐进关系。其中职场礼仪、社交礼仪的学习需要在充分掌握和熟练运用社交礼仪、个人礼仪知识的基础上开展。

2. ASSURE 教学设计模型概述

ASSURE 教学设计模型为教师教学提供了较清晰的流程和指南。该模型最早是由美国印第安纳大学的罗伯特·海涅克等人在《教学媒体与技术》中提出,是一种影响较广泛的信息化教学模型。该模型主要包括:①A(Analyze learners),分析学习者的特征。可从学习者的起点能力、学习风格和学习动机等方面进行分析。②S(State objectives),陈述学习目标。目标要科学合理、表述清晰。③S(Select methods,media and materials),选择方法、媒体和资源。方法、媒体和资源是确保学习者达成学习目标的重要保障。根据学习者与学习目标确定合宜的教学方法,再选取与方法相适应的媒体,选取或开发合宜的资源。④U(Utilize media and materials),运用媒体与资源。在教学实践中,创设适宜的教学场景与学习环境,充分运用媒体和资源提供学习体验。⑤R(Require learner's participation),要求学习者参与和交互。通过安排丰富多样的教学活动,促使学生充分参与、多元交互;⑥E(Evaluate and revise),评价和修正。评价和修正是该模型教学设计的最后一个环节,也是提高质量最重要的环节,通过评价,检验前面五个环节设计的合理性,再通过修正,对教学设计进行完善与提升,使教学设计形成一个不断上升的闭环。

3. 混合式教学中 ASSURE 教学设计模型

混合式教学对 ASSURE 教学设计模型提出了新要求,主要表现为:①分析学习者的特征。在传统教学中,学生的起点能力分析主要是侧重于学生的认知结构、认知能力和学习态度方面,在混合式教学中,还需要增加对学生的信息技术应用技能、对信息数据的理解分析能力的分析，还有对学生接受信息化教学的态度等学情的分析。②陈述学习目标。混合式教学的学习目标应该按照课前、课中、课后三段对教学目标进行不同程度、不同侧重的陈述和区分，便于学生对于"三段式"混合教学环节的目标达成有更清晰的导向指引。③选择方法、媒体和资源。混合式教学为教学方法、媒体、资源均提供了更多的选择、更宽的平台、更新的思路。在选择时要充分结合学情与目标进行思考。④运用媒体与资源。混合式教学优势正在于媒体与资源的丰富性，但保障教学效果的难度也在于其丰富性。如何合理运用媒体与资源，为学生的学习增质减负，而不是因媒体与资源的丰富使学生应接不暇，反而增加选择适宜资源进行自主学习的难度。⑤要求学习者参与和交互。混合式学习为学生参与交互带来了技术保障和及时反馈。⑥评价和修正。信息技术使师生的双向评价更为客观全面，合理而及时的评价对于教学设计的修正起着积极的作用。

4. 公关礼仪混合式教学中 ASSURE 教学设计模型的应用实践

公关礼仪课程实用性强，适合高校各学龄段的本专科层次学生。作为一门通识选修课，该课程在教学上有几个较为突出的难点：一是学生学情差异较大。选课学生专业结构、起点能力、对礼仪认可的情感态度等方面差异性大，教师在组织教学时，若笼而统之，不能顾及学生所处的学习阶段，给予相应的指导，或不能与学生所学专业相关联，着眼于不同行业岗位的职场礼仪，则教学实效难以保证。二是课程内容覆盖广泛。该课程内容涉及美学、心理学、语言学、公共关系学、秘书学等多个学科的相关知识，在学时有限的情况下，均只能浅尝辄止，在"两性一度"方面难以突破。三是知易行难。该课程所涉及知识点的理解与识记没有难度,但会因为认可度和复杂多变的生活、工作情境等因素,难以在工作和生活之中实践。

混合式教学可以在一定程度上解决以上问题。一是混合式教学所提供的个性化教学体验,可以有效解决学生的学情差异问题;二是混合式教学可以立足于网络平台,充分运用网络资源,满足学生自主探究等深度学习的需要;三是混合式教学可以重构课堂,合理分配教学学时,低阶的识记性知识均在线上课前完成,线下课堂可多聚焦于师生情感沟通和实践应用,增强学生对礼仪的认同感和实践能力。

ASSURE 模型可以为公关礼仪课程的混合式教学提供系统化的整合教学设计、教学媒体和技术手段、教学实施过程的全面指导。本书以拜访与接待礼仪为例,介绍 ASSURE 模型对公关礼仪课程进行教学设计与教学方法手段方面改革的探索、实践与应用。

(1)基于拜访与接待礼仪学习阶段的学情分析

拜访与接待礼仪是职场礼仪中重要的一节。前面通过个人礼仪、社交礼仪、求职礼仪等内容共计 16 学时的学习后,学生一方面建立了对教师、选修课班级、小组团队的信任与依赖,另一方面,对于课程内容、混合式教学方式等也逐渐熟悉。通过 8 周的混合式教学和个性化学习,学生之间的差异性逐渐减弱,投入度逐渐增强。线上线下学习任务的难度可适当加大。

(2)拜访与接待礼仪课程的学习目标

拜访与接待礼仪课程共计 4 学时,分线上和线下两个环节组织教学,线上 2 学时,线下 2 学时。教师可以从有意义学习理论[①]的维度,

---

① 有意义学习理论,也称"有意义言语学习理论"(the theory of meaningful verbal learning),由美国当代认知心理学家 D.P.奥苏伯尔创立于 20 世纪 60 年代。这是用认识论观点解释有意义言语材料的学习与保持的学说。

将线上线下的教学目标从基础知识、应用、整合、人的维度、价值维度和学会学习等六个方面进行区分。具体如表19所示：

表 19 教学目标列表

目标维度	线上教学目标	线下教学目标	双线目标区别
基础知识	识记电话预约的流程与要点；识记问候、介绍、接递名片、握手的基本顺序和要素；识记位次的基本规则，行进引领、乘车的位次规则	牢记电话预约的流程与要点；牢记问候、介绍、接递名片、握手的基本顺序和要素；牢记位次的基本规则，行进引领、乘车的位次规则	从识记进阶为牢记，强调记忆的巩固
应用	能应用所学的流程进行电话预约；能应用所学的社交见面礼仪；能将规则应用于迎宾引领；能选择行进与乘车的正确位次	面对复杂场景，能灵活应用所学的流程进行电话预约；能灵活应用所学的社交见面礼仪；能灵活将规则应用于迎宾引领；能灵活选择行进与乘车的位次	从会应用到能在复杂环境下灵活地应用，强调应用的熟练程度
整合	能将个人与社交礼仪与本章节进行关联；能将本节知识与生活、商务场景进行关联	能将个人与社交礼仪与本章节建立更清晰的关联；能将本节知识与各类生活、商务场景进行关联	从能关联到能有更清晰的关联，强调知识整合能力的提升
人的维度	对自己掌握本节知识充满信心；与小组成员形成和谐互动	对自己掌握本节知识更具信心；与小组成员更默契；能更真诚地尊重上级、关爱长辈、礼待客户、体贴女士	从有信心和默契到更具信心和默契；突出对他人的尊敬和关爱
价值维度	发现拜访与接待礼仪的实用价值	进一步认可拜访与接待礼仪的实用价值；重视礼仪细节，并把它作为个人修养、职业素养、专业素质的一部分	从发现到认可，程度进一步加深；能将礼仪作为个人、职业、专业素养的一部分

（续表）

目标维度	线上教学目标	线下教学目标	双线目标区别
学会学习	知道如何通过MOOC学习形成知识框架；能在知识的学习与应用中发现问题；具有一定的解决问题的能力	进一步提升解决问题的能力；学会自己寻找学习资源、解决问题；学会依据所学礼仪规则对自身行为进行评价	强调学习能力、反思能力的进一步提升

（3）选择教学方法、媒体和资源

从教学目标出发，进行逆向设计，选择确保达成目标的教学方法、媒体和资源，具体设计如表20、表21。

表20 线上教学环节设计

目标维度	方法	媒体	资源
基础知识	阅读指导法	交互式多媒体（QQ群、微信群、SPOC课堂）	教师自制学习任务单、自学PPT
	讲授法 练习法	交互式多媒体（MOOC平台）	相关MOOC资源及测试
应用	小组讨论 情景模拟	视听觉媒体 交互式多媒体	观摩电视电影
整合	自主学习	视觉媒体	教材与拓展资源
人的维度	小组讨论	视听觉媒体 交互式多媒体（微助教）	小组同伴交流 网络平台讨论区发言
价值维度	发现法	视听觉媒体 交互式多媒体（微助教）	小组完成的模拟视频 网络平台讨论区发言
学会学习	探究法	视听觉媒体 交互式多媒体（MOOC平台、微助教）	教材与拓展资源 观摩电视电影

表 21 线下教学环节设计

目标维度	方法	媒体	资源
基础知识	讲授法 练习法	视觉媒体 听觉媒体 交互式多媒体（MOOC平台、微助教）	PPT、音频资料、平台组卷
应用	头脑风暴 角色扮演	视听觉媒体 交互式多媒体（微助教）	动画、评价表、学生分组完成的视频作品
整合	讲授法	图片	知识体系思维导图
人的维度	小组讨论	视听觉媒体 交互式多媒体（微助教）	教师讲授点拨 小组同伴交流 网络平台讨论区发言
价值维度	发现法	视听觉媒体 交互式多媒体（微助教）	教师讲授点拨 网络平台讨论区发言
学会学习	探究法	视听觉媒体 交互式多媒体（微助教）	同学的经验分享 课堂上同学设计的评价表格

（4）应用教学方法、媒体和资源

按照上述线上线下环节的方法、媒体、资源设计表，实践组织教学，应用视觉媒体、听觉媒体、视听媒体、交互式多媒体等媒体，应用QQ、微信、微助教、MOOC、SPOC课堂等平台技术与资源，以及线下课堂的PPT、动画、教学视频等多种媒体资源组织教学。具体为：

① 课前"五学八步"设计教学流程

课前通过教师设计的教学八步，即教师上传资源及任务单——任务单导学——PPT自学——MOOC助学——在线测学——合作互学——完成视频上传——点赞评论讨论，学生完成"导学、自学、助学、测学、互学"五学,充分实现师生交互、生生交互、人机交互等多元交互。

② 课中 BOPPPS 设计流程(表 22)

课中通过"导入——目标——前测——参与性学习——后测——总结"六个步骤逐层深入地组织和开展教学。

表 22 拜访与接待礼仪的 BOPPPS 教学设计表

设计	流程	说明	步骤用时
B	导入	梳理知识框架,关联新知旧知 了解三段流程,明确双线设计	6 分钟
O	目标	基于有意义学习维度 区分线上线下教学目标的异同	4 分钟
P	前测	识记性考测,增强学习自信心 需求性调研,增加教学针对性	5 分钟
P	参与性学习	最佳作品展示——增强信心 秀成果——学会应用,学会评价,学会合作 旋转木马——学会整合,学合合作 LAQ——学会反思 头脑风暴——解决问题,理解价值 情景模拟——学会应用	70 分钟
P	后测	自评互评知识技能掌握情况 自评互评学习过程与习惯 自评互评情感态度 自评互评实践创新能力 自评互评合作能力	3 分钟
S	总结	梳理知识要点,呼应导入	2 分钟

③ 课后"三环"设计流程

课中通过"师生互评——实践拓展——完善巩固"三个环节加深巩固课前课后的教学成效。

(5) 要求学习者参与交互式学习

在前测、后测与参与性学习环节,充分设计多元交互式学习方式,通过教学设计、信息技术、激励手段、学习氛围营造等鼓励与督促学生积极参与。

前测的重点从识记性知识考核测试和需求性意愿调研两个方面,后测的重点从知识技能掌握情况、学习习惯与学习过程、实践创新能力、情感态度、合作能力五个方面进行自评互评,一方面增强学生学习的自信心,另一方面加强教学的针对性,进一步促进学生自觉自发地参与和进行交互式学习。

参与性学习环节中设计有最佳笔记展示与答疑、秀成果、旋转木马、LAQ、情景模拟等多种活动形式,针对学习目标,从学会应用、学会评价、学会合作、学会整合、学会反思、解决问题、理解价值等多个方面进行互动设计。具体见表23。

表23 拜访与接待礼仪的参与性学习环节互动设计

活动环节	活动流程	活动目的	活动要求
最佳笔记展示与答疑	展示最佳笔记 进行课堂答疑	学会学习 学会思考	针对课前学习知识,深入思考,积极提问
秀成果	第一步:学生阅读活动规则,并讨论分工 第二步:助教播放视频,学生根据视频情况填写教师提供的评价表,汇总上传至微助教 第三步:夸夸我——本组代表发言汇报,陈述自己的设计加上其他小组的补充夸亮点 第四步:帮帮你——其他组提出意见建议 第五步:教师补充点评	学会应用 学会评价 学会合作	合理分工,如建议由组长指定成员分工,每位成员负责评价表 1到8项中的3项确保每项有2位以上的同学负责评价,确保组员的参与度及评价的全面客观性

(续表)

活动环节	活动流程	活动目的	活动要求
旋转木马	第一步：学生阅读活动规则，并讨论分工 第二步：助教播放视频，学生参考教师"秀成果"环节给的评价表，自行设计评价表，并进行评价，最后小组汇总并拍照 第三步：1、2小组和3、4小组，1、3小组和2、4小组分别轮流交换设计方案两轮，确保每组都能充分了解其他组的想法，最后形成各组评价表并定稿，与最初的定稿形成对比照 第四步：助教通过微助教在屏幕上展示对比照，学生从中学习	学会整合 学会合作 学会应用	1. 合理分工，如建议由先集体议定评价项目，再分工进行设计 2. 学会整合，要能从其他小组的设计方案中吸取优势，完善不足
LAQ	请原最佳视频作业小组组长分享LAQ的思考： L——本节内容你学到了什么？ A——本节内容你获得了哪些资源？是采取怎样的行动学到的？ Q——本节内容你还有什么新的困难和疑惑？ 教师补充点评	学会反思 学会学习	深入思考后条理清晰、重点突出地进行讲述
情景模拟	教师给出一个较为复杂的场景，需要学生进行头脑风暴式讨论，然后选出最佳方案 根据讨论结果进行情景模拟和现场表演	学会应用 解决问题 理解价值	在教师的提示下逐层深入地展开思考和讨论，允许各种观点的自由表达与碰撞

（6）评价与修正

评价可以从学生的"学"和评价教师的"教"两个方面入手。对于学生的学，课前有在线测学、完成视频任务并请同学们点赞或评论；课中有前测、后测及参与性学习环节的总结分析；课后有基于课堂实录对学生小组讨论的评分、视频作业完善后的评价。这些均是着眼于学生的学习效果、学习过程、学习习惯、情感态度、学习中的创新和合作能力等方面的评价。对于教师的教，前测中的开放式问题调研、课中环节的答疑、课后的反馈评价、问卷调研等均可作为对教师的教学设计、教学媒体、教学方法等做出评价的方面。

基于以上教与学的诊断性评价、形成性评价和总结性评价，及时调整教学策略、完善教学设计，为后续的教学工作打好基础。

结　　语

　　本书对礼仪教育教学改革的研究,不拘泥于一门课程,而是着眼于对全过程、全方位、全角度的礼仪教育教学改革进行全面的设计,将礼仪教育贯穿大学生成长成才的全过程,聚焦于第一课堂和第二课堂的紧密结合,线上和线下的深度融合,坚持"以学生为中心",坚持"目标导向""就业导向",合理设置教学目标,精选教学内容,重构框架体系,聚焦德智体美劳"五育",丰富课程内涵,深化"礼仪+"课程体系。采用不同的方法,针对"入学礼仪教育、专业礼仪教育、求职礼仪教育"三个阶段,打造全过程融入式礼仪课程思政;立足于"行业、价值、文化、网络"四维搭建礼仪课程思政到"企业+""思政+""实践+""互联网+"的桥梁,打造全方位融入式礼仪课程思政;探索实施礼仪课程思政的途径、内容及考核方式的改革,并对市场营销专业、汉语言文学专业学习情况进行跟踪和总结;同时开展小规模访谈等活动,在此基础上,综合国内外的研究成果,探究、发现、总结礼仪教育教学改革的有效方式方法,再把这些方式方法放到教学实践中去检验,不断地完善"三阶四维"礼仪教育教学改革模式。

　　通过研究与实践,进一步明确培养目标、优化培养模式、创新培养机制、探索培养路径、夯实培养保障基石,不断提升学生的礼仪素养。

今后将进一步围绕礼仪课程思政的创新模式与评价方式开展实证研究，从而进一步修正研究成果。

参 考 文 献

［1］金正昆.商务礼仪教程［M］.5版.北京：中国人民大学出版社,2016.
［2］金正昆.商务礼仪教程［M］.4版.北京：中国人民大学出版社,2013.
［3］文晓玲,李朋.社交礼仪［M］.大连：大连理工大学出版社,2008.
［4］刘辉.商务礼仪［M］.2版.大连：大连理工大学出版社,2011.
［5］董明.商务礼仪［M］.杭州：浙江大学出版社,2012.
［6］康开洁,柳娜.商务礼仪实务［M］.北京：清华大学出版社,2015.
［7］张岩松,唐召英.现代交际礼仪实训教程［M］.北京：清华大学出版社,2011.
［8］杜明汉,刘巧兰.商务礼仪：理论、实务、案例、实训［M］.2版.北京：高等教育出版社,2014.
［9］苏拉.别说你懂色彩搭配［M］.北京：中国水利水电出版社,2011.
［10］周思敏.你的礼仪价值百万［M］.北京：中国纺织出版社,2009.
［11］郑思礼,李雨轩.旅游服务礼仪［M］.北京：机械工业出版社,2014.
［12］林春.礼仪文化与大学生礼仪修养［M］.北京：中国社会科学出版社,2011.
［13］唐德根.西方文化与礼仪［M］.长沙：湖南人民出版社,2007.